江苏省高校会计领军人才培养项目研究报告

中国高质量发展综合评价研究院、东南大学现代管理会计创新研究中心研究课题
国家自然科学基金面上项目“政府会计国家治理功能的实现机理、路径与策略研究”（项目批准号71672034）

政府会计制度解构与账务处理

——高校-政府会计制度操作指引

周亚君　陈志斌 ◎ 等著

中国财经出版传媒集团
中国财政经济出版社

图书在版编目（CIP）数据

政府会计制度解构与账务处理：高校—政府会计制度操作指引/周亚君等著．—北京：中国财政经济出版社，2018.11

ISBN 978－7－5095－8631－0

Ⅰ.①政…　Ⅱ.①周…　Ⅲ.①高等学校－预算会计－会计制度－研究－中国　Ⅳ.①G647.5

中国版本图书馆CIP数据核字（2018）第247257号

责任编辑：温彦君　樊清玉　　　　　　　　责任校对：黄亚青
封面设计：陈宇琰

中国财政经济出版社 出版

URL：http：//ckfz.cfeph.cn

E－mail：cfeph@cfeph.cn

社址：北京市海淀区阜成路甲28号　邮政编码：100142

营销中心电话：010－88191537

天猫网店：中国财政经济出版社旗舰店

网址：https：//zgczjjcbs.tmall.com

北京富生印刷厂印刷　各地新华书店经销

787×1092毫米　16开　14.5印张　330 000字

2018年12月第1版　2019年2月北京第2次印刷

定价：58.00元

ISBN 978－7－5095－8631－0

（图书出现印装问题，本社负责调换）

本社质量投诉电话：010－88190744

打击盗版举报热线：010－88191661　QQ：2242791300

江苏高校会计领军人才项目

江苏高校会计领军人才项目是江苏省教育厅对接国家和江苏省会计领军人才培养工程、推进教育系统高层次财务管理人才培养的人才培养项目。

培养目标：培养具有国际视野、战略思维、全局观念、创新精神的，拥有更宽广知识涉猎、更深厚理论功底的，具备较强科学谋划、统筹协调、组织领导和破解难题能力的，完善学校治理体制机制的助推者、促进学校学科升级的决策支持者、健全管理制度和有效实施的承接者、优化资源配置和推进依法理财的主导者。

培训项目负责人：潘　漫（江苏省教育厅副厅长）
周亚君（江苏省教育厅财务处处长）

培训项目承办人：陈志斌（中国高质量发展综合评价研究院院长、东南大学财务与会计系主任、教授、博导）

课题编审组成员

课题研究顾问：潘　漫

课 题 主 持 人：周亚君　陈志斌

课题研究组长（按拼音顺序）：刘定岭　许　浩　俞红梅　于晓玲　章　维

书 稿 审 阅 人：刘用铨

撰稿人（按拼音顺序）：常光辉　陈　纲　陈晓梅　陈志斌　褚　珊　杜桂清　葛玉林　郭秀国　韩　静　季晓东　蒋方华　李志良　李　洋　刘定岭　刘　岚　陆正艳　毛中健　潘莉娜　任　华　盛光明　王秀芬　许　浩　姚　哲　姚永明　余冬梅　俞红梅　于晓玲　张　健　张建江　章　维　朱爱明　朱　皓　朱一新　周亚君　周　艳　周　蕾

审稿人（按拼音顺序）：常光辉　陈　纲　陈晓梅　褚　珊　杜桂清　葛玉林　郭秀国　季晓东　蒋方华　李志良　李　洋　刘定岭　陆正艳　毛中健　任　华　盛光明　王秀芬　许　浩　姚　哲　姚永明　余冬梅　俞红梅　于晓玲　张建江　章　维　朱爱明　朱　皓　朱一新　周　艳　周　蕾

序言一

党的十八届三中全会发布的《中共中央关于全面深化改革若干重大问题的决定》（以下简称《决定》）指出“全面深化改革的总目标是完善和发展中国特色社会主义制度，推进国家治理体系和治理能力现代化”，所以“必须切实改变政府职能，深化行政体制改革，创新行政管理方式，增强政府公信力和执行力，建设法治政府和服务型政府”。2014 年 12 月，财政部发布了《权责发生制政府综合财务报告制度改革方案》，2015 年始，陆续颁布了《政府会计准则——基本原则》及七项具体准则，以权责发生制和相关财务报告制度为核心的政府会计改革已经全面启动，2019 年 1 月 1 日起，政府会计制度正式实施。习近平总书记在党的十九大报告中明确提出：“建立全面规范透明、标准科学、约束有力的预算制度，全面实施绩效管理”。要实现这一目标，财务工作必须紧紧围绕提高资产配置效率这一中心，以全面绩效管理的理念贯穿单位提供服务和管理的全过程。《政府会计制度解构与账务处理——高校—政府会计制度操作指引》一书从高校治理角度出发，将业务与财务高度融合，全面诠释单位管理及政府会计制度，不失为政府会计制度解释的创新之作。

随着高等教育事业的快速发展，高等教育经费投入总量持续增加，投入结构也在不断变化，高校经济业务活动日趋复杂使得财务管理的内涵和外延都在发生变化，传统的“核算型 + 管理型”的高校财务管理模式向“管理型 + 治理型”变革的趋势日渐明显。加强大学治理体系建设和治理能力提升，成为近年来高等教育领域综合改革和高校转型发展的重要任务。任何单位管理水平的提升，背后必然有强有力的会计体系支持。财务负责人、财务团队与内外部业务合作伙伴之间的有效协作和融合，是单位谋求效率提升、有效管控风险的重要途径，也是推动单位成功创新和增长的关键。实现业财融合，往往要求单位转变管理文化、固有思维、组织模式和行为方式；唯此才能更好地实现单位战略落地、资源优化配置，乃至科学作出投资决策等。

在全国会计领军人才特殊支持计划优秀学员陈志斌教授的指导下，由江苏省高校会计领军班学员从高校管理及治理的视角撰写了本书，用会计语言对学生培养、师资队伍建设、学科建设、社会培训、行政管理、资产管理、信息化管理、基建管理、大型修缮、债务管理、对外投资、后勤保障等高校业务进行了全方位的诠释。本书没有简单就会计科目解释会计科目，而是从财务管理和单位治理角度出发来解析会计业务，让更多阅读者理解政府会计核算、财务管理与学校治理之间的关系，这是本书的重要创新。如“学生培养”业务分别从招生经费，学费、奖助学贷、创新创业活动经费以及为教学服务的各类教学津贴的发放等角度阐释财务管理与单位治理的业务处理；再如“行政管理”业务对于“三公”经费、会议费、培训费等政策性较强的业务从反腐倡廉的角度进行专门讲解；“人员薪酬”业务分别对普通教职工人员工资、绩效工资、年薪制人员工资、外教薪酬、外请人员劳务酬金等人事管理角度分别进行了业务讲解，在加强高校经费使用管理、完善高校内部治理、强化监管、优化服务等方面提出了建设性意见。

本书作者来自于高校财务管理第一线，用业财融合的理念深入梳理高校的主要业务类型并以财务语言进行详细阐述，贴近实际工作。本书不仅是高校财务人员的实用手册，也可以对高校管理者理解财务管理产生指导意义。

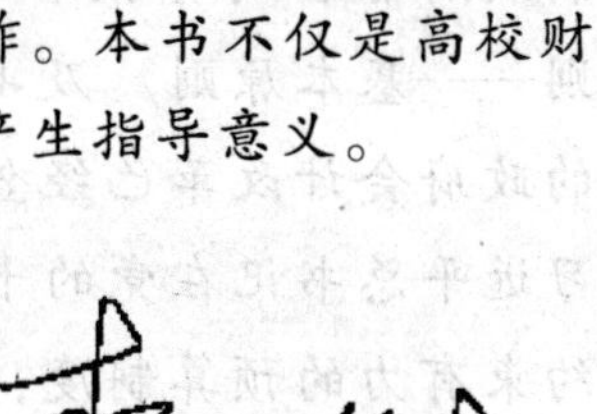

2018 年 10 月 8 日

李建发教授

政府会计准则委员会委员

厦门大学党委副书记、副校长

中国会计学会政府与非营利组织会计专业委员会主任委员

序言二

在一切边界中，最难打破的，就是束缚我们的、无形的思维边界。只有积极尝试新方法、新工具，不断建立新立场、新视角，才能突破习惯的、思维模式的禁锢，顺势而为。

随着高等教育事业的全面快速发展，高校传统单一的财务服务模式已不能满足广大师生员工的需求，财务工作与人才培养、科学研究、文化传承与创新、社会服务、国际合作与交流等业务工作之间的关系，既各自独立，又相互依存。熟悉业务、理解业务，财务工作才能更好地服务业务、保障业务。本书打破从会计科目出发编写会计处理指引的传统思路，以业务案例为载体，以案说法，体现了“业财融合”的基本思想。同时，所选案例都是高校会计实务工作中经常出现并具有代表性的事项，使读者能深入领悟制度的精髓。

当前，我国高等教育已进入高质量发展的新时代。高质量发展需要高质量的会计信息为基础，本书基于全面绩效管理的视角，力图通过政府会计制度改革的政策落地，把高校财务管理与学校治理有机统一，实现高校财务会计的转型升级，为高校管理者提供准确可靠、又易于理解的财务信息。本书是政府会计制度实施下的“先行者”，更是“创新者”，它顺应时代发展的需求，对于提升高校资源配置效益、提升绩效管理水平、加强高校综合治理能力具有实质性的指导意义。

2018 年 10 月 9 日

丁辉，东南大学党委常委，总会计师

前　言

党的十八届三中全会通过的《中共中央关于全面深化改革若干重大问题的决定》提出了“建立权责发生制的政府综合财务报告制度”的重要战略部署。新修订的《中华人民共和国预算法》也对各级政府财政部门按年度编制以权责发生制为基础的政府综合财务报告提出了明确要求。2014 年 12 月，国务院批准了财政部制定的《权责发生制政府综合财务报告制度改革方案》（国发〔2014〕63 号）。从 2015 年以来，财政部先后颁布了基本准则和七项具体准则，2017 年 10 月发布《政府会计制度——行政事业单位会计科目和报表》，并明确自 2019 年 1 月 1 日起施行。我国政府会计改革的号角已经吹响，翘首以盼的会计改革大幕已经拉开。

全面贯彻执行政府会计制度是广大财会工作者基本职责，特别是高校作为政府会计实施主体的重要组成部分，更应该发挥引领作用，为推动我国预算制度的改革、2020 年基本建立现代财政制度的改革目标作出更大的贡献。江苏省首期高校会计领军班学员结合长期以来从事高校会计工作实践经验，集体撰写了《政府会计制度解构与账务处理——高校—政府会计制度操作指引》一书，旨在为高等学校贯彻执行政府会计制度起到指导性作用。

本书共十七章，以高校会计工作常见的具体实务为切入点，从业务简介到会计账务处理，通过具体案例深入分析了财务会计和预算会计适度分离并相互衔接的会计核算模式。本书归纳起来，主要有以下几个方面的特点：

一、内容全面。本书涵盖了高校会计工作的主要经济业务，将高校会计工作中常见的经济活动进行了归纳、提炼后编入，可以作为高校会计实务工作者的业务指导用书。

二、操作性强。本书将政府会计制度规定与实务处理方法相结合，选用实际业务三百余案例佐以说明，贴近工作实际。如每一项业务涉及的主要内容、财务会计与预算会计双体系账务处理以及相关注意事项阐释得清楚明了，可作为高校会计实务工作者的业务工具书。

三、具有创新性。本书以政府会计准则和会计制度为基础，从业务类型、性质及工作流程入手，以仿真的案例详细阐述实务操作，可供广大高校领导和管理干部理解高校各项业务工作与财务的关系。

本书在写作过程中，得到了江苏省教育厅的支持与帮助，教育厅财务处周亚君处长、张健调研员、潘莉娜副调研员多次参与领军班的课题讨论，提出了大量的建设性意见；东南大学陈志斌教授对本书策划、设计、撰写、统稿、编排等全程参与、亲历亲为，提出了许多宝贵的建议，付出了大量的心血；厦门国家会计学院刘用铨副教授对本书的编著给予了重要指导；上海外国语大学林学雷总会计师、北京化工大学查道林副校长、东南大学丁辉总会计师、财务处任卫时处长、中南财经政法大学张琦教授等也对本书的编著提出了很多宝贵意见。

囿于时间、作者水平等因素，难免存在疏漏之处，恳请广大读者批评、指正。

课题组

2018 年 10 月

目录

引 言

一、课题研究背景

高等学校将于2019年1月1日执行《政府会计准则》《政府会计制度》（以下简称新制度）和关于高等学校执行《政府会计制度》的补充规定。与原《事业单位会计准则》《高等学校会计制度》（以下简称旧制度）相比，在会计要素、记账方法、科目设置、折旧计提、长期投资核算、在建工程核算、收入费用确认等方面发生了较大变化。为了让广大高校财务工作者更好地理解新制度并顺利实施，江苏省高校会计领军班学员结合高校财务工作实践撰写了此书。

由此可见，新制度为响应国家新财税体制改革的要求，统一了行政事业单位的会计核算制度，取消了行政单位会计制度和分行业的事业单位会计制度，创新地提出了“双功能”“双基础”和“双报告”的核算和披露模式，为摸清我国资产负债的“家底”打下了坚实的基础。作为事业单位的高等学校将执行新的政府会计制度，我们必须对新旧制度会计核算的变化重点关注和理解。

二、核算基础

《政府会计准则——基本准则》中第三条规定：政府会计由预算会计和财务会计构成，预算会计实行收付实现制，国务院另有规定的，依照其规定；财务会计实行权责发生制。

由此可见，新制度规定政府会计的核算基础是双基础，既有预算会计的收付实现制，又有财务会计的权责发生制。单位对于纳入部门预算管理的现金收支业务，在采用财务会计核算的同时应当进行预算会计核算；对于其他业务，仅需进行财务会计核算。

（一）收付实现制

《政府会计准则——基本准则》第六十条规定：本准则所称收付实现制，是指以现金的实际收付为标志来确定本期收入和支出的会计核算基础。凡在当期实际收到的现金收入和支出，均应作为当期的收入和支出；凡是不属于当期的现金收入和支出，均不应当作为当期的收入和支出。收付实现制核算下的会计目标为提供与政府预算执行情况有关的信息。

（二）权责发生制

《政府会计准则——基本准则》第六十一条规定：本准则所称权责发生制，是指以取得收取款项的权利或支付款项的义务为标志来确定本期收入和费用的会计核算基础。凡是当期已经实现的收入和已经发生的或应当负担的费用，不论款项是否收付，都应当作为当期的收入和费用；凡是不属于当期的收入和费用，即使款项已在当期收付，也不应当作为当期的收入和费用。权责发生制核算下的会计目标为提供与政府的财务状况、运行情况（含运行成本）和现金流量等有关信息。

建立政府预算会计和财务会计适度分离又相互衔接的政府会计核算模式是本次政府会计改革的重大创新。

三、新制度的变化与创新

（一）重构了政府会计核算模式

主要体现在以下几个方面：一是“双功能”，在同一会计核算系统中实现财务会计和预算会计双重功能，通过资产、负债、净资产、收入、费用五个要素进行财务会计核算，通过预算收入、预算支出和预算结余三个要素进行预算会计核算。二是“双基础”，财务会计采用权责发生制，预算会计采用收付实现制，国务院另有规定的，依照其规定。三是“双报告”，通过财务会计核算形成财务报告，通过预算会计核算形成决算报告。

（二）强化了财务会计功能

新制度在财务会计核算中全面引入了权责发生制，在会计科目设置和账务处理说明中着力强化财务会计功能，如增加了收入和费用两个财务会计要素的核算内容，并原则上要求按照权责发生制进行核算；增加了应收款项和应付款项的核算内容，对长期股权投资采用权益法核算，确认自行开发形成的无形资产的成本，要求对固定资产、公共基础设施、保障性住房和无形资产计提折旧或摊销，引入坏账准备等减值概念，确认预计负债、待摊费用和预提费用等。在政府会计核算中强化财务会计功能，对于科学编制权责发生制政府财务报告、准确反映单位财务状况和运行成本等情况具有重要的意义。

（三）扩大了政府资产负债核算范围

新制度在现行制度基础上，扩大了资产负债的核算范围。除按照权责发生制核算原则增加有关往来账款的核算内容，在资产方面，增加了公共基础设施、政府储备物资、文物文化资产、保障性住房和受托代理资产的核算内容，以全面核算单位控制的各类资产；增加了“研发支出”科目，以准确反映单位自行开发无形资产的成本。在负债方面，增加了预计负债、受托代理负债等核算内容，以全面反映单位所承担的现时义务。此外，为了准确反映单位资产扣除负债之后的净资产状况，新制度立足单位会计核算需要、借鉴国际公共部门会计准则相关规定，将净资产按照主要来源分类为累计盈余和专用基金，并根据净资产其他来源设置了权益法调整、无偿调拨净资产等会计科目。资产负债核算范围的扩大，有利于全面规范政府单位各项经济业务的会计处理，准确反映政府“家底”信息，为相关决策提供更加有用的信息。

（四）改进了预算会计功能

在核算内容上，预算会计仅需核算预算收入、预算支出和预算结余。在核算基础上，预算会计除按《预算法》要求的权责发生制事项外，均采用收付实现制核算，有利于避免现行制度下存在的虚列预算收支的问题。在核算范围上，为了体现新《预算法》的精神和部门综合预算的要求，新制度将依法纳入部门预算管理的现金收支均纳入预算会计核算范围，如增设了债务预算收入、债务还本支出、投资支出等。调整完善后的预算会计，能够更好贯彻落实《预算法》的相关规定，更加准确反映部门和单位预算收支情况，更加满足部门、单位预算和决算管理的需要。

（五）整合了基建会计核算

单位对基本建设投资按照本制度规定统一进行会计核算，不再单独建账，大大简化了单位基本建设业务的会计核算，有利于提高单位会计信息的完整性。

（六）完善了报表体系和结构

新制度将报表分为预算会计报表和财务报表两大类；预算会计报表由预算收入表、预算结转结余变动表和财政拨款预算收入支出表组成，是编制部门决算报表的基础。财务报表由会计报表和附注构成，会计报表由资产负债表、收入费用表、净资产变动表和现金流量表组成，其中，单位可自行选择编制现金流量表。此外，新制度针对新的核算内容和要求对报表结构进行了调整和优化，对报表附注应当披露的内容进行了细化，对会计报表重要项目说明提供了可参考的披露格式，要求按经济分类披露费用信息，要求披露本年预算结余和本年盈余的差异调节过程等。

（七）增强了制度的可操作性

新制度在附录中采用列表方式，以新制度中规定的会计科目使用说明为依据，按照会计科目顺序对单位通用业务或共性业务和事项的账务处理进行了举例说明。在举例说明时，对同一项业务或事项，在表格中列出财务会计分录的同时，平行列出相对应的预算会计分录（如果有）。通过对经济业务举例说明，能够充分反映新制度所要求的财务会计和预算会计“平行记账”的核算要求，便于会计人员学习和理解政府会计八要素的记账规则，也有利于单位会计核算信息系统的开发或升级改造。

第一章

学生培养

本章内容简介：

为适应社会分工与社会发展需要，高校承担着人才培养、科学研究、社会服务和文化传承的主要职责。本章主要介绍在学生培养过程中常见的经济业务核算，包括招生过程中的经费支出、教育事业收入收取、代管费用、学生资助、教学及学生事务管理等。

第一节 招生经费

一、概述

招生经费是指学校本着人才培养宗旨和事业发展需要，在招收新生过程中产生的相关费用。包括交通、差旅、通信、广告、资料、材料、宣传等费用。

二、账务处理

发生招生相关经费支出，财务会计借记“业务活动费用——教育费用——商品和服务费用”，贷记“零余额账户用款额度”“银行存款”等科目；预算会计借记“事业支出——教育支出——商品和服务支出”，贷记“资金结存——零余额账户用款额度”“资金结存——货币资金”，财政直接支付方式支付，贷记“财政拨款预算收入”。

注意事项：学校在招生过程中应遵守国家、省相关文件，严禁有偿招生和违反中央八项规定精神的招生行为。

（一）招生宣传

案例1-1：江东大学为某省属高校。2×19年6月，为做好学校招生宣传工作，学校在相关媒体和报刊上宣传、刊登学校介绍短片及人才培养特色，以提高学校在考生及家长中的知名度，发生广告费合计100 000元，款项通过财政授权支付方式支付。

经济业务	财务会计账务处理	预算会计账务处理
支付广告宣传费	借：业务活动费用——教育费用——商品和服务费用 100 000 贷：零余额账户用款额度 100 000	借：事业支出——教育支出——商品和服务支出 100 000 贷：资金结存——零余额账户用款额度 100 000

案例1－2：江东大学按规定程序通过统一招标，确定两家广告制作公司，专门制作和印刷学校宣传用手册、折扇、笔、U盘等。5月，收到其中一家广告公司制作的宣传物资合计价款80 000元，并办理了验收入库手续，款项通过财政授权支付方式支付。

经济业务	财务会计账务处理	预算会计账务处理
招生宣传材料入库	借：库存物品　80 000 　贷：零余额账户用款额度　80 000	借：事业支出——教育支出——商品和服务支出　80 000 　贷：资金结存——零余额账户用款额度　80 000

案例1－3：接上例，学校各招生组领取相关招生宣传资料，截至月末，统计领料出库单合计为70 000元。

经济业务	财务会计账务处理	预算会计账务处理
领取招生宣传材料	借：业务活动费用——教育费用——商品和服务费用　70 000 　贷：库存物品　70 000	不作处理

案例1－4：2×19年6月，江东大学参加了在某地举办的大型招生咨询会，缴纳了场地租赁费3 000元，期间招生人员产生差旅费共计5 800元。以上费用均通过财政授权支付方式支付。

经济业务	财务会计账务处理	预算会计账务处理
支付招生咨询会场地租赁及差旅费	借：业务活动费用——教育费用——商品和服务费用　8 800 　贷：零余额账户用款额度　8 800	借：事业支出——教育支出——商品和服务支出　8 800 　贷：资金结存——零余额账户用款额度　8 800

（二）招生录取

案例1－5：2×19年9月，江东大学录取2×19级新生共计4 000人，上交考试院录取费为35元/生，合计140 000元，款项通过财政授权支付方式支付。

经济业务	财务会计账务处理	预算会计账务处理
支付考试院2×19年新生录取费	借：业务活动费用——教育费用——商品和服务费用　140 000 　贷：零余额账户用款额度　140 000	借：事业支出——教育支出——商品和服务支出　140 000 　贷：资金结存——零余额账户用款额度　140 000

第二节　教育事业收入

一、概述

教育事业收入是指学校收取的学费、住宿费、培训费等。学费是指学校根据生均教育培养成本的一定比例确定的学生应当缴纳的费用，是学校主要的办学经费。住宿费是指学生在校期间居住宿舍所支付的款项。培训费特指学校提供有偿培训收取的相关费用。

二、账务处理

收到学生缴纳学费、住宿费等款项，财务会计借记“银行存款”“库存现金”等科目，贷记“应缴财政款——学费、住宿费”；预算会计不作处理。上交学费、住宿费，财务会计做相反会计分录；预算会计不作处理。财政专户返还学费，财务会计借记“零余额账户用款额度”等科目，贷记“事业收入”；预算会计借记“资金结存——零余额账户用款额度”，贷记“事业预算收入”。

（一）教育事业收入的收取

1. 收取学费、住宿费、考试报名费

案例1-6：江东大学新生入学，共收取学费2 000万元、住宿费350万元，缴费方式为银行POS机划卡、支付宝支付，银行托收等，同日收取大二学生计算机等级考试报名费5万元；另外发生POS划卡银行手续费支出400元（银联收取），并已收到银行划款回单。

经济业务	财务会计账务处理	预算会计账务处理
收取学费、住宿费、计算机考试报名费	借：银行存款　23 550 000 　贷：应缴财政款 　　——学费　20 000 000 　　——住宿费　3 500 000 　　——计算机报名费　50 000	不作处理
POS手续费支出	借：单位管理费——教育费用——商品和服务费用　400 　贷：银行存款　400	借：事业支出——教育支出——商品和服务支出　400 　贷：资金结存——货币资金　400

2. 收取培训费

注意事项：对于不用上缴财政的培训费收入还应做涉税账务处理。

案例1-7：江东大学继续教育学院计划开展系列短期培训，收费项目经物价部门审核备案后组织多项社会考证培训，合计收取培训费750 000元。

经济业务	财务会计账务处理	预算会计账务处理
收取培训费	借：银行存款 750 000 贷：其他收入——培训费收入 750 000	借：资金结存——货币资金 750 000 贷：其他预算收入 750 000

（二）上缴财政专户及确认收入

案例1-8：接案例1-6，学校财务将以上款项上缴财政专户（学分制收费情况暂不考虑），月末学校收到财政专户返还款。

经济业务	财务会计账务处理	预算会计账务处理
上缴学费、住宿费、计算机等级考试报名费	借：应缴财政款 ——学费 20 000 000 ——住宿费 3 500 000 ——计算机报名费 50 000 贷：银行存款 23 550 000	不作处理
学校收到财政专户返还款	借：零余额账户用款额度 23 550 000 贷：事业收入 23 550 000	借：资金结存——零余额账户用款额度 23 550 000 贷：事业预算收入 23 550 000

（三）退费

案例1-9：江东大学某专业学生因为个人原因经过慎重考虑后申请退学，学校尊重学生选择，并且退还学费5 000元及教材代办费300元。

经济业务	财务会计账务处理	预算会计账务处理
退学费、教材代办费	借：应缴财政款——学费 5 000 受托代理负债——教材代办费 300 贷：银行存款 5 000 银行存款——受托代理资产 300	不作处理

第三节 代管经费

一、概述

代管经费是指为方便师生学习和生活，学校接受委托，为提供服务的单位代收代付的相关费用，如新生体检费、学生医疗保险、党费、学生团费等。此类代管经费据实结算，多退少补。

二、账务处理

收取代管经费，财务会计借记“库存现金”“银行存款”“受托代理资产”，贷记“受托代理负债”，支付代管经费做相反会计分录；预算会计不作处理。

注意事项：代办费于每学期结束或每学年据实结算、多退少补。代收取的学生城镇居民医疗保险费应通过“其他应付款”科目进行核算，不通过“受托代理负债”科目核算。

（一）收取代管经费

1. 收取代办费、保险费

案例1－10：江东大学新生入学，学校除收取学生学费、住宿费以外，收取新生一次性代办费体检费120万元、学生城镇居民医疗保险费60万元（自愿），款项均以银行卡批量扣款收取。

经济业务	财务会计账务处理	预算会计账务处理
收取代办费及保险费	借：银行存款——受托代理资产 1 200 000 银行存款 600 000 贷：受托代理负债——新生一次性代办费 1 200 000 其他应付款——学生城镇居民医疗保险费 600 000	不作处理

2. 收取学生团费

案例1－11：江东大学财务部门收到学生交来学生团费5万元，主要用于团内活动等支出。

经济业务	财务会计账务处理	预算会计账务处理
收取学生团费	借：银行存款——受托代理资产 50 000 贷：受托代理负债——代管团费 50 000	不作处理

（二）支付代管经费

案例1－12：接案例1－10，10月学校支付新生体检费6万元，学生城镇居民保险费60万元，款项均以银行存款支付。

经济业务	财务会计账务处理	预算会计账务处理
支付新生一次性代办款项	借：受托代理负债——新生一次性代办费 60 000 其他应付款——学生城镇居民医疗保险费 600 000 贷：银行存款——受托代理资产 600 000 银行存款 60 000	不作处理

第四节　学生资助经费

一、概述

学生资助经费是指各级财政、企业、学校为激励学生勤奋学习、努力进取，在德、智、体、美等方面全面发展，以及扶持家庭经济困难学生，帮助他们顺利完成学业的经费。

二、账务处理

学校年初从事业收入中提取助学基金，财务会计借记“业务活动费用——教育费用”，贷记“专用基金——学生助学基金”；预算会计不作处理。收到拨款或企业捐赠的学生奖、助学金，财务会计借记“零余额账户用款额度”等科目，贷记“财政拨款收入”“非财政拨款收入”“捐赠收入”等；预算会计借记“资金结存——零余额账户用款额度”“资金结存——货币资金”等，贷记“财政拨款预算收入”“非同级财政拨款预算收入”“捐赠预算收入”等。发放奖、助学金，财务会计借记“业务活动费用——教育费用——对个人和家庭的补助费用”，贷记“零余额账户用款额度”“银行存款”等科目；预算会计借记“事业支出——教育支出——对个人和家庭的补助”，贷记“资金结存——零余额账户用款额度”“资金结存——货币资金”等。

注意事项： 对于取得的各级财政拨款专项及企业指定捐赠用途的助学金，学校应专款专用，不得挪作他用。

（一）拨入资助资金

1. 各级财政拨入资助经费

案例 1－13： 江东大学收到省财政厅下达国家奖助学金专项经费 245 万元、残疾学生减免学费 5 万元、求职创业补贴 10 万元，收到市财政局划拨入伍学生补偿款 4 万元。

经济业务	财务会计账务处理	预算会计账务处理
省财政下达资助经费	借：零余额账户用款额度　2 600 000 　贷：财政拨款收入　2 600 000	借：资金结存——零余额账户用款额度　2 600 000 　贷：财政拨款预算收入　2 600 000
地方财政拨入资助经费	借：银行存款　40 000 　贷：非同级财政拨款收入　40 000	借：资金结存——货币资金　40 000 　贷：非同级财政拨款预算收入　40 000

2. 企业拨入资助经费

案例 1－14： 江东大学收到校企合作单位捐赠款 10 万元，指定用于冠名班优秀学生的奖学金。

经济业务	财务会计账务处理	预算会计账务处理
收到企业捐赠资金	借：银行存款 100 000 贷：捐赠收入 100 000	借：资金结存——货币资金 100 000 贷：捐赠预算收入 100 000

（二）助学基金的计提

案例 1-15：江东大学财务部门工作人员根据相关文件及 2×19 年事业收入预算提取 6% 的助学金合计 480 万元。

经济业务	财务会计账务处理	预算会计账务处理
按 6% 计提助学基金	借：业务活动费用——教育费用——对个人和家庭的补助费用 4 800 000 贷：专用基金——学生助学基金 4 800 000	不作处理

（三）资助资金发放

1. 发放各级财政资助资金

案例 1-16：接案例 1-13，学校财务发放省财政厅下达国家奖助学金专项经费 245 万元、残疾学生减免学费 5 万元、求职创业补贴 10 万元，以及市财政局入伍学生补偿款 4 万元。

经济业务	财务会计账务处理	预算会计账务处理
发放省财政厅下达资助经费	借：业务活动费用——教育费用——对个人和家庭补助的费用 2 600 000 贷：零余额账户用款额度 2 600 000	借：事业支出——教育支出——对个人和家庭的补助 2 600 000 贷：资金结存——零余额账户用款额度 2 600 000
发放市财政局拨入资助经费	借：业务活动费用——教育费用——对个人和家庭的补助费用 40 000 贷：银行存款 40 000	借：事业支出——教育支出——对个人和家庭的补助 40 000 贷：资金结存——货币资金 40 000

2. 发放企业资助资金

案例 1-17：接案例 1-14，学校发放校企合作单位指定冠名班优秀学生奖学金 10 万元。

经济业务	财务会计账务处理	预算会计账务处理
发放企业捐赠奖学金	借：业务活动费用——教育费用——对个人和家庭的补助费用 100 000 贷：银行存款 100 000	借：事业支出——教育支出——对个人和家庭的补助 100 000 贷：资金结存——货币资金 100 000

3. 发放学校各类奖助学金

案例 1-18：接案例 1-15。学校支付上月贫困学生勤工助学补贴 18 万元、当年评选优秀学生奖学金 210 万元，均通过财政授权支付方式支付。

经济业务	财务会计账务处理	预算会计账务处理
发放勤工助学补贴和奖学金	借：专用基金——学生助学基金 2 280 000 贷：零余额账户用款额度 2 280 000	借：事业支出——教育支出——对个人和家庭的补助 2 280 000 贷：资金结存——零余额账户用款额度 2 280 000

案例 1－19：接上例，学校根据上级文件缴纳国家助学贷款风险补偿金 5.8 万元。

经济业务	财务会计账务处理	预算会计账务处理
缴纳国家助学贷款风险补偿金	借：专用基金——学生助学基金 58 000 贷：零余额账户用款额度 58 000	借：事业支出——教育支出——对个人和家庭的补助 58 000 贷：资金结存——零余额账户用款额度 58 000

案例 1－20：接案例 1－15，为拓宽学生视野，经过校内选拔，学校全额资助 30 名品学兼优的学生赴海外交流，通过财政授权方式支付 40 万元的出国培训费用。

经济业务	财务会计账务处理	预算会计账务处理
支付学生出国交流培训费	借：专用基金——学生助学基金 400 000 贷：零余额账户用款额度 400 000	借：事业支出——教育支出——对个人和家庭的补助 400 000 贷：资金结存——零余额账户用款额度 400 000

第五节　学生活动经费

一、概述

学生活动经费是指学校为组织管理学生事务、丰富学生课余生活、拓宽视野、增长知识和才干所开展的文化、体育、艺术、社会实践等有益于学生健康发展的各项活动所发生的相关经费。其中包括根据学生人数下拨至各二级学院的学生管理费用，组织各类党团活动、志愿服务、校内留学生文化交流活动、节日文艺活动、艺术展演等校园文化建设费用，以及开展的社团活动、社会实践、体育比赛、各类竞赛、创业就业指导服务、军训等素质拓展费用。

二、账务处理

发生学生各类活动经费，财务会计借记“业务活动费用——教育费用——商品和服务费用”，贷记“零余额账户用款额度”“银行存款”等科目；预算会计借记“事业支出——教育支出——商品和服务支出”，贷记“资金结存——零余额账户用款额度”“资金结存——货币资金”，财政直接支付方式支付，贷记“财政拨款预算收入”。

（一）学生日常管理

案例1-21：江东大学某二级学院辅导员报销学生相关管理工作发生的办公经费、资料费、交通费等合计5 200元，款项以财政授权支付方式支付。

经济业务	财务会计账务处理	预算会计账务处理
支付学生管理用办公经费、资料费、交通费等	借：业务活动费用——教育费用——商品和服务费用 5 200 贷：零余额账户用款额度 5 200	借：事业支出——教育支出——商品和服务支出 5 200 贷：资金结存——零余额账户用款额度 5 200

案例1-22：为展现学校特色和学生风采，江东大学艺术学院学生自主设计了毕业生纪念手册，并交由学校中标印刷单位统一印刷，以财政授权支付方式支付单位印刷费20 000元。

经济业务	财务会计账务处理	预算会计账务处理
支付学生设计费及印刷费	借：业务活动费用——教育费用——商品和服务费用 20 000 贷：零余额账户用款额度 20 000	借：事业支出——教育支出——商品和服务支出 20 000 贷：资金结存——零余额账户用款额度 20 000

（二）校园文化建设

案例1-23：5月，学生管理工作人员报销学校举办“十佳歌手”大赛所支付的学生化妆、灯光音响租赁、校园橱窗展示及氛围营造、宣传等费用合计18 000元，款项通过财政授权支付方式支付。

经济业务	财务会计账务处理	预算会计账务处理
支付“十佳歌手”大赛化妆费、器具租赁费和“读书节”宣传费	借：业务活动费用——教育费用——商品和服务费用 18 000 贷：零余额账户用款额度 18 000	借：事业支出——教育支出——商品和服务支出 18 000 贷：资金结存——零余额账户用款额度 18 000

（三）学生素质拓展

案例1-24：学校组织校秋季运动会，通过财政授权支付方式购置一批体育器材共计5 000元，并办理验收入库手续。

经济业务	财务会计账务处理	预算会计账务处理
购置一批体育器材并验收入库	借：库存物品——体育器材 5 000 贷：零余额账户用款额度 5 000	借：事业支出——教育支出——商品和服务支出 5 000 贷：资金结存——零余额账户用款额度 5 000

案例1-25：学校组织学生参与各类竞赛及创新创业大赛，合计发放学生竞赛奖励8 500元，专业指导劳务费用2 240元（含税240元），以财政授权支付方式分别打入学生和聘请的指导老师银行卡中。次月，学校银行账户代缴个人所得税240元。

经济业务	财务会计账务处理	预算会计账务处理
发放学生竞赛奖励及指导老师劳务费	借：业务活动费用——教育费用——商品和服务费用 10 740 贷：零余额账户用款额度 10 500 其他应交税费——应交个人所得税 240	借：事业支出——教育支出——商品和服务支出 10 500 贷：资金结存——零余额账户用款额度 10 500
学校银行账户代缴个人所得税	借：其他应交税费——应交个人所得税 240 贷：银行存款 240	借：事业支出——教育支出——商品和服务支出 240 贷：资金结存——货币资金 240

第六节 教学课时及学生管理工作津贴

一、概述

教学课时及学生管理津贴是指学校为进行教学及学生事务管理，支付的除每月工资、五险一金、住房公积等以外的人员经费，如课时费、班主任津贴、值班补贴等。

二、账务处理

计提薪酬，财务会计借记“业务活动费用——教育费用——工资福利费用”，贷记“应付职工薪酬”；预算会计不作处理。实际发放薪酬，财务会计借记“应付职工薪酬”，贷记“零余额账户用款额度”“银行存款”等科目；预算会计借记“事业支出——教育支出——工资福利支出”，贷记“资金结存——零余额账户用款额度”“资金结存——货币资金”，财政直接支付方式支付，贷记“财政拨款预算收入”。

注意事项：绩效工资又称绩效加薪、奖励工资或与评估考核挂钩的工资，是以职工被聘上岗的工作岗位为主，根据岗位技术含量、责任大小、劳动强度和环境优劣确定岗级，以经济效益和劳动力价位确定工资总量，以职工的劳动成果为依据支付劳动报酬。故此处涉及的教学课时及学生管理相关的班主任考核津贴等应计入绩效工资核算。

（一）计提薪酬

案例1-26：7月8日，江东大学财务部门收到归口部门提供的以下发放清单：（1）各二级学院6月课时费合计800 000元；（2）6月班主任考核津贴150 000元；（3）值班人员值班费30 000元。

经济业务	财务会计账务处理	预算会计账务处理
计提课时费、班主任津贴及值班补贴	借：业务活动费用——教育费用——工资福利费用 980 000 贷：应付职工薪酬——津贴补贴（绩效工资） 980 000	不作处理

（二）发放薪酬及代扣个人所得税

案例1-27：接上例，7月11日，以财政授权支付方式发放以上酬金，同时代扣个人所得税38 000元。

经济业务	财务会计账务处理	预算会计账务处理
发放课时费、班主任津贴及值班补贴	借：应付职工薪酬——津贴补贴（绩效工资） 980 000 贷：零余额账户用款额度 942 000 其他应交税费——应交个人所得税 38 000	借：事业支出——教育支出——工资福利支出 942 000 贷：资金结存——零余额账户用款额度 942 000

（三）代缴个人所得税

案例1-28：接上例，8月10日，学校银行账户代缴个人所得税38 000元。

经济业务	财务会计账务处理	预算会计账务处理
银行扣款代缴个人所得税	借：其他应交税费——应交个人所得税 38 000 贷：银行存款 38 000	借：事业支出——教育支出——工资福利支出 38 000 贷：资金结存——货币资金 38 000

第二章

师资队伍建设

本章内容简介：

师资队伍建设是指高校教育工作中关于教师选拔、培养、考核、使用、管理等方面的一系列工作。它是高校建设的基础性工作之一，也是教育投入重点予以优先保障，完善支出保障机制，确保党和国家关于教师队伍建设重大决策部署落实到位的工作。本章主要介绍师资队伍建设过程中常见的经济业务核算，包括人事管理部门日常运行经费、师资发展与培训经费、人才引进与开发经费、博士后人员经费等。

第一节　管理部门日常运行经费

一、概述

管理部门日常运行经费主要是指开展人事管理部门的日常管理活动所需的必要经费，包括采购办公物资、购置办公设备、工作人员差旅、通讯、印刷等费用。

二、账务处理

具体账务处理见“第七章行政管理”章节有关内容。

第二节　师资发展与培训经费

一、概述

师资发展与培训经费包括教师岗前培训、非教师继续教育与培训、教师国内外进修、师德建设、职称评审等师资发展和培训方面的开支。

二、账务处理

（一）教师岗前培训

教师岗前培训是指对于新补充到高等学校从事教育教学工作的专任教师、辅导员、医学院校附属医院新聘任的临床教学医护人员、其他从事教学相关工作的专业技术人员和管理人员的上岗前培训。

涉及教师岗前培训的收入业务，如教师交纳岗前培训费用，确认收入，财务会计借记“银行存款”“其他应收款”等，贷记“其他收入——其他收入”；预算会计借记“资金结存——货币资金”，贷记“其他预算收入——其他预算收入”。因岗前培训发生相关经费支出，财务会计借记“业务活动费用——教育费用”等科目，贷记“银行存款”等科目；预算会计借记“事业支出——教育支出”等科目，贷记“资金结存——货币资金”等科目。

案例 2-1：2×17 年 9 月，江东大学人事部门确认通过缴费平台收到 5 万元新教工岗前培训费。

经济业务	财务会计账务处理	预算会计账务处理
教师交纳培训费，确认收入	借：银行存款 50 000 贷：其他收入——其他收入 50 000	借：资金结存——货币资金 50 000 贷：其他预算收入——其他预算收入 50 000

案例 2-2：接上例，支付本校教育学院林老师集中讲课费 2 000 元（税前），代扣个人所得税 240 元。

经济业务	财务会计账务处理	预算会计账务处理
计提讲课费	借：业务活动费用——教育费用——工资福利费用 2 000 贷：应付职工薪酬——其他个人收入 2 000	不作处理
实际支付给林老师并代扣个人所得税	借：应付职工薪酬——其他个人收入 2 000 贷：银行存款 1 760 其他应交税费——应交个人所得税 240	借：事业支出——教育支出——工资福利支出 1 760 贷：资金结存——货币资金 1 760
实际缴纳个人所得税 240 元	借：其他应交税费——应交个人所得税 240 贷：银行存款 240	借：事业支出——教育支出——工资福利支出 240 贷：资金结存——货币资金 240

注：本单位职工应交个人所得税按照个人当月工资薪金合并计税。

（二）非教师继续教育与培训

非教师继续教育与培训包括后勤管理部门的技师、技工岗位人员参加职业技能培训和认证考试以及行政管理部门人员为提升自身管理能力和水平参加在职学历培训。

发生相关经费支出，财务会计借记“单位管理费用——后勤保障费用”等科目，贷记“银行存款”等科目；预算会计借记“事业支出——后勤保障支出”等科目，贷记“资金结存——货币资金”等科目。

案例 2－3：2×19 年 3 月江东大学后勤管理处田某报销 1 800 元高级技师培训费。

经济业务	财务会计账务处理	预算会计账务处理
报销培训费	借：单位管理费用——后勤保障费用——商品和服务费用 1 800 贷：零余额账户用款额度 1 800	借：事业支出——后勤保障支出——商品和服务支出 1 800 贷：资金结存——零余额账户用款额度 1 800

（三）教师国内外进修

教师国内外进修是指高校为造就一批通晓国际规则和具有国际竞争力的优秀人才，提升高校人才培养质量和科技创新能力而选派教师赴国内外的研修。包括访问学者、团队研修（含高水平大学科研团队、应用型高校教学团队、管理团队等）、校长跟岗研修三种形式。访问学者一般 12 个月（已有半年以上留学经历人员再次派出可选择 6 个月），其他一般 6 个月。访问学者研修方式主要为访问进修、合作研究等；高水平大学科研团队研修方式主要为合作研究、产品研发等；应用型高校教学团队研修方式主要为课程学习、参与研究和设计等；管理团队研修方式主要为访问进修、管理实践等；校长跟岗研修方式主要为担任境外高校校长的助手、学习境外高校的先进管理经验等。

教师国内外进修，预先暂付给教师进修费用，财务会计借记“其他应收款”科目，贷记“零余额账户用款额度”“银行存款”等科目；预算会计不作处理。进修结束后，按照实际发生的金额，财务会计借记“业务活动费用——教育费用”，按照实际借出的金额，贷记“其他应收款”科目，按照其差额，借记或贷记“资金结存——零余额账户用款额度”“资金结存——货币资金”等科目；按照实际报销金额，预算会计借记“事业支出——教育支出”，贷记“资金结存——零余额账户用款额度”。

案例 2－4：2×19 年 3 月，江东大学张某申请到 S 省高校优秀中青年教师境外研修计划资助经费 7 万元。2×19 年 9 月如期回国，报销费用 7.8 万元。其中：张某预借 7 万元，以财政授权支付方式支付。0.8 万元从学校预算安排的教师内外进修专项中列支。

经济业务	财务会计账务处理	预算会计账务处理
2×19 年 3 月学校支付 7 万元资助经费给张某	借：其他应收款——张某 70 000 贷：零余额账户用款额度 70 000	不作处理

续表

经济业务	财务会计账务处理	预算会计账务处理
2×19年9月培训结束报销	借：业务活动费用——教育费用——商品和服务费用 78 000 贷：其他应收款——张某 70 000 零余额账户用款额度 8 000	借：事业支出——教育支出——商品和服务支出 78 000 贷：资金结存——零余额账户用款额度 78 000

（四）师德建设

师德建设是指为贯彻、落实党和国家关于高校教师思想政治和师德师风建设的有关工作，建立健全高校师德师风建设长效机制，制定规章制度、完善管理体系、开展师德教育、宣传师德典型、健全评价机制、完善监督机制，指导二级单位师德师风建设等工作。

预付师德建设相关费用，财务会计借记“预付账款”，贷记“财政拨款收入”“零余额账户用款额度”“银行存款”等科目；预算会计借记“事业支出——教育支出”，贷记“财政拨款预算收入”“资金结存——零余额账户用款额度”“资金结存——货币资金”等科目。费用结算财务会计借记“业务活动费用——教育费用”，贷记“预付账款”，按照实际补付的金额，贷记“银行存款”“零余额账户用款额度”等科目；预算会计按照补付金额借记“事业支出——教育支出”，贷记“资金结存——零余额账户用款额度”“资金结存——货币资金”等科目。

案例2－5：2×19年3月，江东大学教师工作部举行师德师风培训会，其中租场费20 000元，讲课费30 000元，印刷费10 000元。场租费以预付形式支付给天辰会务公司。不考虑个人所得税影响。

经济业务	财务会计账务处理	预算会计账务处理
预付场租费	借：预付账款——天辰公司 20 000 贷：零余额账户用款额度 20 000	借：事业支出——教育支出——商品和服务支出 20 000 贷：资金结存——零余额账户用款额度 20 000
费用结算报销	借：业务活动费用——教育费用——商品和服务费用 60 000 贷：预付账款——天辰公司 20 000 零余额账户用款额度 40 000	借：事业支出——教育支出——商品和服务支出 40 000 贷：资金结存——零余额账户用款额度 40 000

（五）职称评审

职称评审是指通过考核和评定专业技术人员和管理岗位人员的专业技术水平、能力以及成就，给予其相应专业技术职称的资格。

发生职称评审应付及暂收款项，财务会计借记“银行存款”等科目，贷记“其他应付款”；预算会计不作处理。向上级部门支付职称评审费，财务会计借记“其他应付款”，贷记“银行存款”等科目；预算会计不作处理。

计提职称评审、劳务费用，财务会计借记“业务活动费用——教育费用”，贷记“其他应付款”；预算会计不作处理。实际支付专家评审费，财务会计借记“其他应付款”，按照实际支付金额贷记“财政拨款收入”“零余额账户用款额度”“银行存款”等科目，按照代扣个人所得税额贷记“其他应交税费——应交个人所得税”；预算会计按照实际支付给个人部分，借记“事业支出——教育支出”，贷记“财政拨款预算收入”“资金结存——零余额账户用款额度”“资金结存——货币资金”等科目。实际缴纳个人所得税，财务会计按照实际缴纳个人所得税额借记“其他应交税费——应交个人所得税”，贷记“零余额账户用款额度”“银行存款”等科目；预算会计按照实际缴纳个人所得税金额，借记“事业支出——教育支出”，贷记“资金结存——零余额账户用款额度”“资金结存——货币资金”等科目。

案例2-6：2×17年6月，江东大学人事部门确认通过缴费平台收到李某高级会计师申报职称评审费400元，并交至上级职称评定部门。

经济业务	财务会计账务处理	预算会计账务处理
收到职称评审费	借：银行存款　400 贷：其他应付款　400	不作处理
向上级单位交评审费	借：其他应付款　400 贷：银行存款　400	不作处理

案例2-7：2×17年9月，江东大学人事部门支付给校外专家林某职称评审费8 000元。

经济业务	财务会计账务处理	预算会计账务处理
计提职称评审费	借：业务活动费用——教育费用——商品和服务费用　8 000 贷：其他应付款　8 000	不作处理
实际支付并代扣个人所得税	借：其他应付款　8 000 贷：零余额账户用款额度　6 720 其他应交税费——应交个人所得税　1 280	借：事业支出——教育支出——商品和服务支出　6 720 贷：资金结存——零余额账户用款额度　6 720
实际缴纳税款	借：其他应交税费——应交个人所得税　1 280 贷：零余额账户用款额度　1 280	借：事业支出——教育支出——商品和服务支出　1 280 贷：资金结存——零余额账户用款额度　1 280

第三节 人才引进与开发经费

一、概述

高校实施高端人才计划，设置讲席教授、特聘教授等类别。人才引进经费包括为讲席教授、特聘教授提供协议年薪、安家补贴、科研（学术）启动经费。人才引进后期开发经费是指高层次人才申请并入选千人计划、双创人才、青蓝工程、333工程、特聘教授等高层次人才专项项目并获得经费支持，以及取得非同级财政部门人才补贴等。

二、账务处理

引进人才计提协议年薪工资薪酬，财务会计按照计提的金额借记“业务活动费用——教育费用”，贷记“应付职工薪酬”；预算会计不作处理。实际支付工资薪酬，财务会计借记“应付职工薪酬”，按照实际支付金额贷记“财政拨款收入”“零余额账户用款额度”“银行存款”等科目，按照代扣个人所得税额贷记“其他应交税费——应交个人所得税”；预算会计按照实际支付给个人部分，借记“事业支出——教育支出”，贷记“财政拨款预算收入”“资金结存——零余额账户用款额度”“资金结存——货币资金”等科目。

（一）协议年薪

案例2-8：江东大学新引进特聘教授王某，年薪15万元，平时每月支付80%部分，即每月支付1万元。不考虑个人所得税、社会保险费、住房公积金等。

1. 每月按月计提及发放处理

经济业务	财务会计账务处理	预算会计账务处理
每月计提	借：业务活动费用——教育费用——工资福利费用 10 000 贷：应付职工薪酬 10 000	不作处理
实际支付	借：应付职工薪酬 10 000 贷：零余额账户用款额度 10 000	借：事业支出——教育支出——工资福利支出 10 000 贷：资金结存——零余额账户用款额度 10 000

2. 年末完成考核，结算剩余20%部分

经济业务	财务会计账务处理	预算会计账务处理
年末计提	借：业务活动费用——教育费用——工资福利费用 30 000 贷：应付职工薪酬 30 000	不作处理

续表

经济业务	财务会计账务处理	预算会计账务处理
实际支付	借：应付职工薪酬　30 000 　贷：零余额账户用款额度　30 000	借：事业支出——教育支出——工资福利支出　30 000 　贷：资金结存——零余额账户用款额度　30 000

（二）安家补贴

人才引进支付一次性安家补贴，财务会计借记“业务活动费用——教育费用”，贷记“零余额账户用款额度”“银行存款”等科目；预算会计借记“事业支出——教育支出”，贷记“资金结存——零余额账户用款额度”“资金结存——货币资金”，财政国库直接支付，贷记“财政拨款预算收入”。

案例 2－9：江东大学新引进中青年教师吴某，根据协议支付引进人才安家费 20 万元。不考虑个人所得税影响。

经济业务	财务会计账务处理	预算会计账务处理
支付引进人才安家费	借：业务活动费用——教育费用——对个人和家庭的补助费用　200 000 　贷：银行存款　200 000	借：事业支出——教育支出——对个人和家庭的补助　200 000 　贷：资金结存——货币资金　200 000

（三）科研（学术）启动经费

使用科研（学术）启动费，为开展科研工作而发生相关费用支出，且需预留质量保证金，财务会计借记“业务活动费用——教育费用”，贷记“零余额账户用款额度”“银行存款”等科目，贷记“其他应付款”；预算会计按照实际支付金额，借记“事业支出——教育支出”，贷记“资金结存——零余额账户用款额度”“资金结存——货币资金”等科目，财政国库直接支付，贷记“财政拨款预算收入”。质保期满，无质量问题而支付质保金，财务会计借记“其他应付款”，贷记“零余额账户用款额度”“银行存款”等科目；预算会计借记“事业支出——教育支出”，贷记“资金结存——零余额账户用款额度”“资金结存——货币资金”等科目。

案例 2－10：江东大学新引进中青年教师吴某，根据协议学校同意给予吴某科研（学术）启动费 10 万元。吴某准备用科研（学术）启动费支付实验室维修改造费 2 万元。维修质保金 5%，一年后支付。资金由财政授权支付方式支付。

经济业务	财务会计账务处理	预算会计账务处理
报销维修改造费	借：业务活动费用——教育费用——商品和服务费用　20 000 　贷：零余额账户用款额度　19 000 　　其他应付款　1 000	借：事业支出——教育支出——商品和服务支出　19 000 　贷：资金结存——零余额账户用款额度　19 000

续表

经济业务	财务会计账务处理	预算会计账务处理
支付质保金	借：其他应付款 1 000 贷：零余额账户用款额度 1 000	借：事业支出——教育支出——商品和服务支出 1 000 贷：资金结存——零余额账户用款额度 1 000

注：按照新制度规定，大修理支出达到原值50%时，计入固定资产价值；支出不足50%，计入修理费。

（四）省拨人才专项

省拨人才专项经费包括“双创”人才、青蓝工程、333工程、省级特聘教授等专项经费。

使用省拨人才经费，财务会计借记“业务活动费用——教育费用”，贷记“零余额账户用款额度”等科目；预算会计按照实际支付金额，借记“事业支出——教育支出”，贷记“资金结存——零余额账户用款额度”等科目，财政直接支付，贷记“财政拨款预算收入”。

因业务活动需要借款购置固定资产，发生借款，财务会计借记“其他应收款”，贷记“零余额账户用款额度”“银行存款”等科目；预算会计不作处理。取得固定资产，财务会计借记“固定资产”，贷记“零余额账户用款额度”“银行存款”等科目；预算会计借记“事业支出——教育支出”，贷记“资金结存——零余额账户用款额度”“资金结存——货币资金”，财政直接支付，贷记“财政拨款预算收入”。每月计提折旧，财务会计借记“业务活动费用——教育费用”，贷记“固定资产累计折旧”；预算会计不作处理。

案例2－11：2×17年6月，江东大学朱教授已通过前期可行性项目论证、招投标等手续，最终确定与美达公司签订购置合同购买原子力显微镜一台，价款总价36万元，预计使用年限为5年，前期需预付原子力显微镜的全部价款，朱教授打算使用省特聘教授专项资金购买。

经济业务	财务会计账务处理	预算会计账务处理
购买设备借款	借：其他应收款——美达公司 360 000 贷：零余额账户用款额度 360 000	不作处理
设备到货并验收入库	借：固定资产 360 000 贷：其他应收款——美达公司 360 000	借：事业支出——教育支出——其他资本性支出 360 000 贷：资金结存——零余额账户用款额度 360 000
当月计提折旧	借：业务活动费用——教育费用——商品和服务费用 6 000 贷：固定资产累计折旧 6 000	不作处理

（五）非同级财政部门人才补贴

非同级财政部门人才补贴是指非同级地方政府通过产业吸引人才，人才引领产业，努力实现产业转型升级与人才结构优化的良性互动机制，深化科技领军人才创业工程、鼓励海外高层次领军人才创新创业工程、鼓励科教领军人才创新工程、鼓励高端服务业领军人才创新创业工程和加强高技能领军人才队伍建设工程，对经认定的人才给予经费支持。

收到非同级财政部门人才补贴，财务会计借记“银行存款”，贷记“其他收入——非同级财政拨款收入”；预算会计借记“资金结存——货币资金”，贷记“其他预算收入——非同级财政拨款预算收入”。发放人才补贴，财务会计借记“业务活动费用——教育费用”，贷记“银行存款”；预算会计借记“事业支出——教育支出”，贷记“资金结存——货币资金”。

案例 2－12：江东大学人事部刘某于 2×19 年 5 月确认 S 市紧缺人才补贴经费 80 万元，并一次性发放给相关人员。不考虑个人所得税影响。

经济业务	财务会计账务处理	预算会计账务处理
确认人才补贴收入	借：银行存款　800 000 贷：其他收入——非同级财政拨款收入　800 000	借：资金结存——货币资金　800 000 贷：其他预算收入——非同级财政拨款预算收入　800 000
发放人才补贴	借：业务活动费用——教育费用——对个人和家庭的补助费用　800 000 贷：银行存款　800 000	借：事业支出——教育支出——对个人和家庭的补助　800 000 贷：资金结存——货币资金　800 000

注释：“双创”人才是某省高层次创新创业人才引进计划按照稳定规模、提升质量、优化结构的要求组织实施，进一步突出创新创业成效、用人单位给予薪酬、社会资本投资和地方政府配套支持。高校负责申报由省教育厅受理的项目类别，即双创人才（高校创新类）、双创团队（教育类）、双创博士（世界名校类〈高校创新〉）。（1）对入选的双创人才，三年内省级财政给予一定数额的创新创业资金资助，其中用于个人生活补助的不低于 30%，并不得抵扣工资待遇。已获得省“双创博士”或“某省特聘教授”资助的，在原资助基础上补足至对应的资助标准。（2）对入选的双创团队，在已获得各相关主管部门给予一定数额的项目经费资助基础上，三年内省级财政给予一定数额的人才经费资助，其中用于补助团队成员的不得低于 30%，并不得抵扣工资待遇。（3）对入选的双创博士，两年内省级财政也给予一定数额的创新创业资金资助。

“青蓝工程”是某省教育厅为实施科教兴省和人才强省战略，进一步加强师资队伍建设，培养骨干教师和学科带头人，突出抓好高校优秀拔尖人才、学术带头人选拔培养工作而实施的重要人才培养工程。

“333 人才工程”由某省发起实施，即培养 30 名左右研究成果具有国际先进、国内领先水平的国家级科学家、工程技术专家和理论家；培养 300 名左右具有省内领先水平的省级优秀人才；培养 3000 名左右成绩显著的市级优秀人才，故命名为“333 人才工程”。

特聘教授是某省实施的高校高层次人才队伍建设，通过引进一批海内外高层次人才，带动一批学科赶超国内外先进水平，提升高校人才培养质量和科技创新实力，为教育事业发展和现代化建设服务。

第四节 博士后人员经费

一、概述

博士后服务与管理工作主要包括组织相关学院（部）参加博士后科研流动站建站申报及评估工作、博士后招收及进出站管理、与地方合作推动博士后工作为经济建设服务等。博士后日常经费主要用于支付统招博士后的薪酬（含各类社会保险和住房公积金等）和科研启动费。

二、账务处理

（一）博士后流动站

博士后流动站日常开支包括相关人员差旅费、招收博士后产生的广告费、印刷费、宣传租场费、邮寄费、会议费等支出。发生相关费用支出，财务会计借记“业务活动费用——教育费用”，贷记“零余额账户用款额度”等科目；预算会计按照实际支付金额，借记“事业支出——教育支出”，贷记“资金结存——零余额账户用款额度”等科目，财政国库直接支付，贷记“财政拨款预算收入”。

案例 2-13：江东大学人事部门李某，支付在英才网站上招生博士后广告费 8 万元，以银行转账发生支付费用。

经济业务	财务会计账务处理	预算会计账务处理
支付广告费	借：业务活动费用——教育费用——商品和服务费用 80 000 贷：银行存款 80 000	借：事业支出——教育支出——商品和服务支出 80 000 贷：资金结存——货币资金 80 000

（二）博士后专项资金

收到博士后专项资金，财务会计借记“银行存款”，贷记“其他收入——其他收入”；预算会计借记“资金结存——货币资金”，贷记“其他预算收入——其他预算收入”。使用博士后专项资金发生相关费用支出，财务会计借记“业务活动费用——教育费用”，贷记“银行存款”；预算会计借记“事业支出——教育支出”，贷记“资金结存——货币资金”。

案例 2-14：江东大学博士后秦某 2×19 年获得中国博士后特别资助经费 15 万元，秦某于 2×19 年 5 月参加在北京举行 2×19 年“博新计划”前沿论坛，发生差旅费 4 000 元。假设年内再无其他支付发生。

经济业务	财务会计账务处理	预算会计账务处理
取得博士后特别资助经费	借：银行存款　150 000 　贷：其他收入——其他收入　150 000	借：资金结存——货币资金　150 000 　贷：其他预算收入——其他预算收入　150 000
报销差旅费	借：业务活动费用——教育费用——商品和服务费用　4 000 　贷：银行存款　4 000	借：事业支出——教育支出——商品和服务支出　4 000 　贷：资金结存——货币资金　4 000

第三章

薪酬业务

本章内容简介：

本章主要核算高校按照规定应付给职工（含长期聘用人员）及为职工支付的各种工资性支出有关业务，如计提和发放基本工资、国家统一规定的津贴补贴、绩效工资、改革性补贴、社会保险费（如职工基本养老保险、职业年金、基本医疗保险、失业保险、生育保险等）、住房保障性支出（含住房公积金、新老职工住房补贴等），以及发放给其他人员的劳务薪酬等。

第一节　普通教职工人员工资

一、概述

普通教职工人员工资指各高校在编和非在编聘用制人员按照国家规定的工资级别、标准每月固定发放的国家工资部分和基础性绩效工资部分，不包括高校奖励性绩效工资。

二、账务处理

（一）计提当期应付职工薪酬

从事专业及其辅助活动人员的职工薪酬，财务会计借记“业务活动费用”“单位管理费用”；应由在建工程、加工物品、自行研发无形资产负担的职工薪酬，借记“在建工程”“加工物品”“研发支出”；从事专业及辅助活动以外的经营活动人员的职工薪酬，借记“经营费用”；因解除与职工的劳务关系而给予的补偿，借记“单位管理费用”，贷记“应付职工薪酬”；预算会计不作处理。

案例 3－1：江东大学 2×19 年 1 月 9 日，计提全校职工工资 8 000 000 元，其中财政编制专业教师及教辅人员薪酬 5 000 000 元，自行研发无形资产负担的职工薪酬 20 000 元，单位行政人员薪酬为 2 000 000 元，单位离退休人员经费 500 000 元，非财政编制长聘人员薪酬 480 000 元（均为行政管理人员）。

经济业务	财务会计账务处理	预算会计账务处理
计提工资	借：业务活动费用——教育费用——工资福利费用 5 000 000 单位管理费用——行政管理费用——工资福利费用 2 480 000 研发支出——工资福利费用 20 000 单位管理费用——离退休费用——工资福利费用 500 000 贷：应付职工薪酬 8 000 000	不作处理

（二）发放职工薪酬并代扣各类款项

发放职工薪酬，财务会计借记“应付职工薪酬”；按照代扣代缴个人所得税额，贷记“其他应交税费——应交个人所得税”；按照代扣社会保险费，贷记“应付职工薪酬——社会保险费”，按照代扣职工住房公积金，贷记“应付职工薪酬——住房公积金”；按照代扣为职工垫付的水电费、房租等费用、偿还个人借款金额，贷记“其他应收款”；按照实际发放的金额，预算会计借记“事业支出——教育支出——工资福利支出”，贷记“资金结存”等科目。

案例 3-2：接上例，1 月 9 日，发放全校职工工资。其中：财政编制人员工资中代扣职工基本养老保险、职业年金 960 000 元，代扣住房公积金 1 600 000 元。另外，发放总额中代扣个税 350 000 元，代扣青年职工宿舍房租 30 000 元，代扣职工李明借款 100 000 元。财政编制人员工资财政直接支付，非财政编制人员通过学校银行资金支付。

经济业务	财务会计账务处理	预算会计账务处理
发放工资	借：应付职工薪酬 8 000 000 贷：应付职工薪酬——社会保险费 960 000 应付职工薪酬——住房公积金 1 600 000 其他应交税费——应交个人所得税 350 000 其他应收款——李明 100 000 其他应付款 30 000 财政拨款收入——一般公共预算财政拨款 4 480 000 银行存款 480 000	借：事业支出——教育支出——工资福利支出（财政拨款） 4 480 000 事业支出——教育支出——工资福利支出（非财政非专项） 480 000 贷：资金结存——货币资金——银行存款 480 000 财政拨款预算收入——基本支出（财政拨款） 4 480 000

（三）单位缴纳职工社会保险费和住房公积金

按照由职工个人应负担部分，财务会计借记“应付职工薪酬”，按照由单位应负担部分，借记“业务活动费用”“单位管理费用”等科目；贷记“财政拨款收入”“零余额账户用款额度”“银行存款”等科目；按照实际缴纳金额，预算会计借记“行政支出”“事业支出”“经营支出”，贷记“财政拨款预算收入”“资金结存”等科目。

案例3-3：接上例，1月20日，缴纳上月社保、职业年金费用2 640 000元（含非财政编180 000元），其中个人承担部分为980 000元，单位承担部分为1 660 000元，其中专业教师及辅助人员1 045 800元，行政管理人员614 200元。向本市公积金中心账户缴纳上月住房公积金3 260 000元（含非财政编200 000元），其中个人承担部分为1 630 000元，单位承担1 630 000元，其中专业教师及辅助人员1 026 900元，行政管理人员603 100元。在编人员通过财政授权支付，非财政编人员通过学校银行资金支付。

经济业务	财务会计账务处理	预算会计账务处理
缴纳社保	借：应付职工薪酬——社会保险费 980 000 业务活动费用——教育费用——工资福利费用 1 045 800 单位管理费用——行政管理费用——工资福利费用 614 200 贷：零余额账户用款额度 2 460 000 银行存款 180 000	借：事业支出——教育支出——工资福利支出（财政拨款） 1 847 600 事业支出——政管理支出——工资福利支出（财政拨款） 612 400 事业支出——行政管理支出——工资福利支出（非财政非专项） 180 000 贷：资金结存——零余额账户用款额度 2 460 000 资金结存——货币资金——银行存款 180 000
缴纳公积金	借：应付职工薪酬——住房公积金 1 630 000 业务活动费用——教育费用——工资福利费用 1 026 900 单位管理费——行政管理费用——工资福利费用 603 100 贷：零余额账户用款额度 3 060 000 银行存款 200 000	借：事业支出——教育支出——对个人和家庭补助（财政拨款） 2 656 900 事业支出——行政管理支出——对个人和家庭补助（财政拨款） 403 100 事业支出——行政管理支出——工资福利支出 200 000 贷：资金结存——零余额账户用款额度 3 060 000 资金结存——货币资金——银行存款 20 000

第二节 全校人员奖励性绩效工资

一、概述

绩效工资分为基础性绩效工资和奖励性绩效工资。奖励性绩效工资的发放标准，一般由各学校根据实际情况制定，报当地人社部门批准后执行。

二、账务处理

计提奖励性绩效工资，财务会计借记“业务活动费用”“单位管理费用”等科目，贷记“应付职工薪酬”；预算会计不作处理。

发放奖励性绩效工资，财务会计借记“应付职工薪酬”，贷记“其他应交税费——应交个人所得税”“银行存款”等科目；预算会计根据实际发放的金额，借记“事业支出”，贷记“资金结存”等科目。

案例3-4：江东大学2×19年1月15日计提、发放全校人员奖励绩效工资5 000 000元，其中专业教师及教辅人员绩效工资3 800 000元，自行研发无形资产负担的职工薪酬12 000元，单位行政人员薪酬为1 188 000元；代扣个人所得税280 000元，其中专业教师及教辅人员212 800元，研发人员672元，行政人员66528元。奖励绩效工资通过学校银行资金发放。

经济业务	财务会计账务处理	预算会计账务处理
计提奖励性绩效工资	借：业务活动费用——教育费用——工资福利费用　3 800 000 研发支出——工资福利费用　12 000 单位管理费用——行政管理费用——工资福利费用　1 188 000 贷：应付职工薪酬　5 000 000	不作处理
发放奖励性绩效工资	借：应付职工薪酬　5 000 000 贷：其他应交税费——应交个人所得税　280 000 银行存款　4 720 000	借：事业支出——教育支出——工资福利支出（非财政非专项）　3 587 200 研发支出——工资福利支出（非财政非专项）　11 328 事业支出——行政管理支出——工资福利支出（非财政非专项）　1 127 472 贷：资金结存——货币资金——银行存款　4 720 000

第三节　年薪制人员工资

一、概述

高校的年薪制人员，一般为促进学校学科发展，提升学校内涵而发生的人才引进或独资企业的高管人员工资。人才引进人员的工资薪金，不计入绩效工资总额。

二、账务处理

计提当期年薪制人员应付职工薪酬，财务会计借记“业务活动费用——教育费用——工资福利费用”“单位管理费用——行政管理费用——工资福利费用”，贷记“应付职工薪酬——年薪制人员”“其他应交税费——应交个人所得税”；预算会计不作处理。

发放当期年薪制人员应付职工薪酬，财务会计借记“应付职工薪酬——年薪制人员”“其他应交税费——应交个人所得税”，贷记“银行存款”等科目；预算会计按照实际发放的金额，借记“事业支出”，贷记“资金结存”等科目。

案例 3－5：江东大学从外省某高校引进长江学者一名，年薪 800 000 元，其中月工资 60 000元，年终一次性考核奖为 80 000 元。5 月 7 日计提并发放，代扣个人所得税14 270元。

学校资产经营公司（学校全资子公司）总经理年薪 300 000 元。5 月 7 日，代发资产经营公司总经理当月工资 25 000 元，代扣个人所得税 2 870 元，代扣养老保险、职业年金共 3 000 元，住房公积金 3 000 元。

6 月 20 日，缴纳资产经营公司总经理养老保险、职业年金 10 000 元，缴纳住房公积金 6 000 元。

6 月 30 日，资产经营公司汇来上半年学校代发总经理工资 150 000 元，代垫各类社会保险 30 000 元，代垫职业年金 12 000 元，代垫公积金 18 000 元。

上述两人年薪通过财政授权支付。

经济业务	财务会计账务处理	预算会计账务处理
计提年薪制人员当月薪酬	借：业务活动费用——教育费用——工资福利费用——年薪制人员 60 000 其他应收款——资产经营公司 25 000 贷：应付职工薪酬——年薪制人员 85 000	不作处理
发放并代扣各类款项	借：应付职工薪酬——年薪制人员 85 000 贷：其他应交税费——应交个人所得税 17 140 应付职工薪酬——社会保险费 3 000 应付职工薪酬——住房公积金 3 000 零余额账户用款额度 61 860	借：事业支出——教育支出——工资福利支出（财政拨款） 45 730 贷：资金结存——零余额账户用款额度 45 730
缴纳社会保险、公积金	借：应付职工薪酬——社会保险费 3 000 应付职工薪酬——住房公积金 3 000 其他应收款——资产经营公司 10 000 贷：零余额账户用款额度 16 000	不作处理
学校回收代垫总经理半年工资性费用	借：银行存款 210 000 贷：其他应收款——资产经营公司 210 000	不作处理

第四节 外教薪酬

一、概述

高校因工作需要聘请的外教薪酬。

二、账务处理

计提外教薪酬，财务会计借记“业务活动费用——教育费用”，贷记“其他应付款”“其他应交税费——应交个人所得税”；预算会计不作处理。

发放外教薪酬，财务会计借记“其他应付款”，贷记“零余额账户用款额度”“银行存款”等科目；预算会计按照实际发放的金额借记“事业支出——教育支出——商品服务支出”，贷记“资金结存”等科目。

案例3-6：江东大学因学校国际交流合作需要聘请一名外教Mr. Smith，聘期1年，已签订聘任协议。协议约定，校方除明确外教在校授课期间的吃、住、行等条件外，每月薪酬为人民币8 000元（税前）。假设按照税法外籍人员起征点为4 800元/人/月，税率为20%，计算当月应交个人所得税为640元。外教工资通过学校银行资金支付。

经济业务	财务会计账务处理	预算会计账务处理
计提外教薪酬	借：业务活动费用——教育费用——商品和服务费用 8 000 贷：其他应付款——Mr. Smith 7 360 其他应交税费——应交个人所得税 640	不作处理
发放外教薪酬	借：其他应付款——Mr. Smith 7 360 贷：银行存款 7 360	借：事业支出——教育支出——商品和服务支出（非财政非专项） 7 360 贷：资金结存——货币资金 7 360

第五节 校外人员劳务酬金

一、概述

本部分内容主要核算高校各部门因开展工作需要，邀请非本校人员作学术报告、专题讲座、专业咨询、各类评审、稿酬、职责外劳务等支付的各类酬金。

二、账务处理

计提校外人员劳务酬金，财务会计借记“业务活动费用——教育费用”等科目，贷记“其他应付款”，“其他应交税费——应交个人所得税”；预算会计不作处理。

发放校外人员劳务酬金，财务会计借记“其他应付款”，贷记“零余额账户用款额度”“银行存款”等科目；预算会计按照实际发放的金额借记“事业支出——教育支出”，贷记“资金结存”等科目。

注意事项：评审费、专家咨询费发放标准应结合职务、职称、工作量、发放事由等支撑材料综合考虑，在国家规定的标准内发放。

案例 3－7：江东大学某行政管理部门因工作需要，临时聘请李晨东教授对校内某教学项目申报国家级奖励进行评审，评审时间为 1 天，发放评审费 3000 元（税后），应交个人所得税 550 元。评审费通过财政授权支付方式支付。

经济业务	财务会计账务处理	预算会计账务处理
计提外请专家咨询费	借：业务活动费用——教育费用——商品和服务费用——专家咨询费　3 550 贷：其他应付款——李晨东　3 000 其他应交税费——应交个人所得税　550	不作处理
发放外请专家咨询费	借：其他应付款——李晨东　3 000 贷：零余额账户用款额度　3 000	借：事业支出——教育支出——商品和服务支出——专家咨询费（财政拨款）3 000 贷：资金结存——零余额账户用款额度　3 000

第四章

学科建设

本章内容简介：

学科建设主要指学科条件建设、学科梯队建设、科学研究、学术交流、人才培养、日常运行等过程建设。本章主要介绍取得和使用学科建设日常运行和专项发展经费的核算。学科建设经费主要包括从同级政府部门取得和学校统筹安排的用于学科建设的专项经费。

第一节　学科建设日常运行经费

一、概述

日常运行经费是确保学科建设日常运转的基本活动经费及构建学科体系确保协调发展的保障经费，用于学校学科部门的日常办公、规划学科发展、牵头组织规划论证、项目实施管理和监督工作的支出，促进学校整体学科水平的提升。经费一般分为基本业务活动经费和学科统筹运转专项经费。

业务活动经费支出一般包括办公费、印刷费、邮电费、差旅费、交通费、水电费等。学科统筹运转专项经费支出一般包括印刷费、差旅费、会议费、培训费、设备费等。

二、账务处理

发生学科建设日常运行经费支出，财务会计借记“业务活动费用——教育费用”“固定资产”“其他应收款”等科目，贷记“零余额账户用款额度”“银行存款”等科目；预算会计借记“事业支出——教育支出”，贷记“资金结存——零余额账户用款额度”“资金结存——货币资金”，财政直接支付方式支付贷记“财政拨款预算收入”。

为满足成本核算需要，“业务活动费用——教育费用”科目下还可以按照“工资福利费用”“商品和服务费用”“对个人和家庭的补助费用”“固定资产折旧费”“无形资产摊销费”等成本项目设置明细科目。

具体案例详见“第七章行政管理”章节有关内容。

第二节 学科申报

一、概述

学校的二级学院及科研院所根据学校的学科建设方案，结合学院（院所）学科特点，整合资源，组织申报校重点学科、省级重点学科、国家级重点学科、优势学科、交叉学科等。

二、账务处理

发生学科申报经费支出，财务会计借记“业务活动费用——教育费用——商品和服务费用”“其他应收款”等科目，贷记“零余额账户用款额度”“银行存款”等科目；预算会计借记“事业支出——教育支出”，贷记“资金结存——零余额账户用款额度”“资金结存——货币资金”，财政直接支付方式支付贷记“财政拨款预算收入”。

（一）申报准备

根据有关文件精神和要求，积极准备材料，申报学科专项经费。

案例4-1：江东大学某学院组织申报优势重点学科，支付某单位材料打印费1 000元，支付个人调研差旅费4 000元，支付专家指导费5 000元（税前），均以银行存款支付。

经济业务	财务会计账务处理	预算会计账务处理
支付打印费	借：业务活动费用——教育费用——商品和服务费用 1 000 贷：银行存款 1 000	借：事业支出——教育支出——商品和服务支出 1 000 贷：资金结存——货币资金 1 000
支付差旅费	借：业务活动费用——教育费用——商品和服务费用 4 000 贷：银行存款 4 000	借：事业支出——教育支出——商品和服务支出 4 000 贷：资金结存——货币资金 4 000
支付专家指导费	借：业务活动费用——教育费用——商品和服务费用 5 000 贷：银行存款 4 200 其他应交税费——应交个人所得税 800	借：事业支出——教育支出——商品和服务支出 4 200 贷：资金结存——货币资金 4 200
下月交纳应交个人所得税	借：其他应交税费——应交个人所得税 800 贷：银行存款 800	借：事业支出——教育支出——商品和服务支出 800 贷：资金结存——货币资金 800

（二）组织遴选

学校根据申报材料组织专家进行认证、遴选，并公示。

案例4－2： 江东大学组织专家进行遴选优势重点学科，支付校外专家论证费5 000元（税后），代扣个人所得税952.38元以银行存款支付。

经济业务	财务会计账务处理	预算会计账务处理
支付专家劳务费	借：业务活动费用——教育费用——商品和服务费用　5 952.38 贷：银行存款　5 000 其他应交税费——应交个人所得税　952.38	借：事业支出——教育支出——商品和服务支出　5 000 贷：资金结存——货币资金　5 000
下月交纳应交个人所得税	借：其他应交税费——应交个人所得税　952.38 贷：银行存款　952.38	借：事业支出——教育支出——商品和服务支出　952.38 贷：资金结存——货币资金　952.38

（三）上报审批

根据公示结果，上报审批。

案例4－3： 江东大学将申报材料上报上级，支付人员差旅费1 000元，邮寄费200元，以银行存款支付。

经济业务	财务会计账务处理	预算会计账务处理
上报材料发生相关支出	借：业务活动费用——教育费用——商品和服务费用　1 200 贷：银行存款　1 200	借：事业支出——教育支出——商品和服务支出　1 200 贷：资金结存——货币资金　1 200

（四）获批立项

学科签订项目任务书，做好学科经费预算。

案例4－4： 江东大学获得4项省级资助的重点学科经费，每项800万元，共3 200万元。

经济业务	财务会计账务处理	预算会计账务处理
收到财政授权支付用款额度通知单	借：零余额账户用款额度　32 000 000 贷：财政拨款收入　32 000 000	借：资金结存——零余额账户用款额度　32 000 000 贷：财政拨款预算收入　32 000 000

第三节 学科建设

一、概述

根据已立项的各学科的建设方案和经费预算，通过在条件建设、团队建设、科学研究、人才培养、国际合作等方面的投入，开展学科建设工作。

二、账务处理

发生学科建设过程中经费支出，财务会计借记“业务活动费用——教育费用——商品和服务费用”“业务活动费用——教育费用——对个人和家庭的补助费用”“在建工程”“应付账款”等科目，贷记“零余额账户用款额度”“银行存款”等科目；预算会计借记“事业支出——教育支出”，贷记“财政拨款预算收入”。

以下以A学科获得的A项目为例，经费来源为财政专项拨款。

（一）学科条件建设

主要用于购置学科建设所必需的仪器设备、图书资料、自制专用仪器设备及对现有仪器设备进行升级、改造、维护等。

案例4-5：江东大学A学科购置设备24万元，安装验收后交付使用，通过财政直接支付方式支付货款。设备使用年限10年，每月按照年限平均法计提固定资产折旧2 000元。

经济业务	财务会计账务处理	预算会计账务处理
购入大型设备	借：在建工程——设备投资 240 000 贷：应付账款 240 000	不作处理
安装验收交付使用	借：固定资产 240 000 贷：在建工程——设备投资 240 000	不作处理
支付设备款	借：应付账款 240 000 贷：财政拨款收入 240 000	借：事业支出——教育支出——其他资本性支出 240 000 贷：财政拨款预算收入 240 000
按月计提固定资产折旧	借：业务活动费用——教育费用——固定资产折旧费 2 000 贷：固定资产累计折旧 2 000	不作处理

案例4-6：江东大学A学科支付某公司设备维修费2 000元，财政直接支付方式支付。

经济业务	财务会计账务处理	预算会计账务处理
支付维修费	借：业务活动费用——教育费用——商品和服务费用　2 000 贷：财政拨款收入　2 000	借：事业支出——教育支出——商品和服务支出　2 000 贷：财政拨款预算收入　2 000

（二）团队建设

主要用于高层次人才引进，培养青年学术骨干而发生的进修、培训、开展与学术研究相关的学术沙龙、学术研讨等经费支出，形成学科人才集群。

案例 4－7：江东大学引进高层次人才，A 项目资助高层次人才购房补贴及安家费 12 万元（税后），以财政直接支付方式支付，2 年内按月发放 5 000 元（税前），每月购房补贴与月工资薪金所得合并计税后，购房补贴应交个人所得税 1 250 元（税率 25%），应交个人所得税以银行存款交纳。

经济业务	财务会计账务处理	预算会计账务处理
按月支付 5 000 元安家费	借：业务活动费用——教育费用——对个人和家庭的补助费用　5 000 贷：财政拨款收入　3 750 其他应交税费——应交个人所得税　1 250	借：事业支出——教育支出——对个人和家庭的补助　3 750 贷：财政拨款预算收入　3 750
下月交纳应交个人所得税	借：其他应交税费——应交个人所得税　1 250 贷：银行存款　1 250	借：事业支出——教育支出　1 250 贷：资金结存——货币资金　1 250

案例 4－8：江东大学 A 学科青年教师外出进修，以财政直接支付方式支付进修费 6 000元。

经济业务	财务会计账务处理	预算会计账务处理
支付进修费	借：业务活动费用——教育费用——商品和服务费用　6 000 贷：财政拨款收入　6 000	借：事业支出——教育支出——商品和服务支出　6 000 贷：财政拨款预算收入　6 000

（三）科学研究

主要用于学科成员开展科学研究活动所需要的材料费、测试化验加工费、出版文献资料印刷打印费、差旅费、会议费、国际合作交流费、专家咨询费、劳务费等。

案例 4－9：江东大学 A 学科通过网上竞价系统购买专用材料一批 5 000 元，财政直接支付方式支付货款。当月领用材料 2 000 元。

经济业务	财务会计账务处理	预算会计账务处理
购买材料	借：库存物品　5 000 贷：财政拨款收入　5 000	借：事业支出——教育支出——商品和服务支出　5 000 贷：财政拨款预算收入　5 000

续表

经济业务	财务会计账务处理	预算会计账务处理
领用材料	借：业务活动费用——教育费用——商品和服务费用 2 000 贷：库存物品 2 000	不作处理

案例4-10：江东大学A学科与某单位签订测试合同5 000元，根据测试结果和测试清单，以财政直接支付方式支付。

经济业务	财务会计账务处理	预算会计账务处理
实际支付测试费用	借：业务活动费用——教育费用——商品和服务费用 5 000 贷：财政拨款收入 5 000	借：事业支出——教育支出——商品和服务支出 5 000 贷：财政拨款预算收入 5 000

案例4-11：江东大学A学科预付出版社论文版面费5 000元，以财政直接支付方式支付，一个月后收到版面费发票并报销。

经济业务	财务会计账务处理	预算会计账务处理
预付论文版面费	借：预付账款 5 000 贷：财政拨款收入 5 000	借：事业支出——教育支出——商品和服务支出 5 000 贷：财政拨款预算收入 5 000
报销版面费	借：业务活动费用——教育费用——商品和服务费用 5 000 贷：预付账款 5 000	不作处理

案例4-12：江东大学A学科开展学术交流，组织一次小型会议共20人，会期2天，会议费预算2.6万元，会议结束后，以财政直接支付方式支付某酒店会议费2.4万元。

经济业务	财务会计账务处理	预算会计账务处理
实际支付会议费	借：业务活动费用——教育费用——商品和服务费用 24 000 贷：财政拨款收入 24 000	借：事业支出——教育支出——商品和服务支出 24 000 贷：财政拨款预算收入 24 000

案例4-13：江东大学A学科2名教师出国参加学术会议，预借出国差旅费2万元，回国后，根据出国（境）管理办法，核准该次出国费用共3.5万元，经费以财政直接支付方式支付。

经济业务	财务会计账务处理	预算会计账务处理
预借出国差旅费	借：其他应收款 20 000 贷：财政拨款收入 20 000	不作处理

续表

经济业务	财务会计账务处理	预算会计账务处理
结算出国会议费	借：业务活动费用——教育费用——商品和服务费用　35 000 贷：其他应收款　20 000 财政拨款收入　15 000	借：事业支出——教育支出——商品和服务支出　35 000 贷：财政拨款预算收入　35 000

（四）人才培养

主要用于精品课程建设、优秀教材出版等所需经费，用于支持和鼓励学生参与学科建设和创新实践所需经费，包括本科生、研究生、博士后、访问学者的培养费用等。

案例 4-14：江东大学 A 学科资助出版本学科的优秀教材，出版费 2 万元，以财政直接支付方式支付，一个月后收到版面费发票报销。

经济业务	财务会计账务处理	预算会计账务处理
预付教材版面费	借：预付账款　20 000 贷：财政拨款收入　20 000	借：事业支出——教育支出——商品和服务支出　20 000 贷：财政拨款预算收入　20 000
报销版面费	借：业务活动费用——教育费用——商品和服务费用　20 000 贷：预付账款　20 000	不作处理

案例 4-15：江东大学 A 学科专利申请费 5 000 元，以财政直接支付方式支付。

经济业务	财务会计账务处理	预算会计账务处理
缴纳专利申请费	借：业务活动费用——教育费用——商品和服务费用　5 000 贷：财政拨款收入　5 000	借：事业支出——教育支出——商品和服务支出　5 000 贷：财政拨款预算收入　5 000

案例 4-16：江东大学 A 学科支付学生劳务费 3 000 元，支付访问学者劳务费 8 000 元，以财政直接支付方式支付。

经济业务	财务会计账务处理	预算会计账务处理
支付学生劳务费	借：业务活动费用——教育费用——对个人和家庭的补助费用　3 000 贷：财政拨款收入　3 000	借：事业支出——教育支出——对个人和家庭的补助　3 000 贷：财政拨款预算收入　3 000
支付访问学者劳务费	借：业务活动费用——教育费用——商品和服务费用　8 000 贷：财政拨款收入　8 000	借：事业支出——教育支出——商品和服务支出　3 000 贷：财政拨款预算收入　3 000

（五）国际合作

主要用于推进与高水平大学、科研机构的合作交流，高水平人才联合培养和科技联合攻关，选派优秀骨干教师出国留学、合作研究，参加国内外高水平学术会议，参与国际和区域性重大科学计划和科学工程。

案例4-17：江东大学A学科选派1名教师至外国高水平科研机构合作交流3个月，预借出国差旅费5万元，回国后，根据出国（境）管理办法，该次出国访学费用共6万元，经费以财政直接支付方式支付。

经济业务	财务会计账务处理	预算会计账务处理
预借出国差旅费	借：其他应收款 50 000 贷：财政拨款收入 50 000	不作处理
出国后报销相关费用	借：业务活动费用——教育费用——商品和服务费用 60 000 贷：其他应收款 50 000 财政拨款收入 10 000	借：事业支出——教育支出——商品和服务支出 60 000 贷：财政拨款预算收入 60 000

案例4-18：江东大学A学科邀请外籍专家来校合作交流，经办人报销差旅费1.2万元，支付某酒店住宿费1 500元和接待费用2 000元，专家报告讲座费5 000元（税前），经费以财政直接支付方式支付。

经济业务	财务会计账务处理	预算会计账务处理
支付个人差旅费	借：业务活动费用——教育费用——商品和服务费用 12 000 贷：财政拨款收入 12 000	借：事业支出——教育支出——商品和服务支出 12 000 贷：财政拨款预算收入 12 000
支付酒店住宿费和接待费用	借：业务活动费用——教育费用——商品和服务费用 3 500 贷：财政拨款收入 3 500	借：事业支出——教育支出——商品和服务支出 3 500 贷：财政拨款预算收入 3 500
支付专家讲座费	借：业务活动费用——教育费用——商品和服务费用 5 000 贷：财政拨款收入 4 200 其他应交税费——应交个人所得税 800	借：事业支出——教育支出——商品和服务支出 4 200 贷：财政拨款预算收入 4 200
下月交纳应交个人所得税	借：其他应交税费——应交个人所得税 800 贷：银行存款 800	借：事业支出——教育支出——商品和服务支出 800 贷：资金结存——货币资金 800

注释：外请专家报酬所得，是指个人独立从事非雇佣的各种劳务所取得的所得。劳务报酬按次计算个人所得税，800元以下免税；800－4000元扣除800元后按税率20%代扣个人所得税；超过4000元的扣除20%后再按照20%税率代扣个人所得税。

第四节　学科验收

一、概述

各建设学科在建设期满后，通过向相关部门申请对项目进行验收，检查在平台建设、团队建设、人才培养和科研创新等方面取的成效，以及社会经济效益、学科建设经费使用和管理等方面的完成情况。

二、账务处理

在学科建设阶段，对前期投入经费进行考核验收，财务会计借记“业务活动费用——商品和服务费用”“业务活动费用——工资福利费用”等科目，贷记“零余额账户用款额度”“银行存款”等科目；预算会计借记“事业支出——教育支出”，贷记“资金结存——零余额账户用款额度”“资金结存——货币资金”，财政直接支付方式支付贷记“财政拨款预算收入”。

（一）整理验收材料

根据学科建设要求和考核指标，凝聚学科成果，迎接学科考核验收。

案例 4－19：江东大学某学院 A 学科经过一个周期建设，将学科成果整理汇总，完成项目验收报告，材料装订打印费 2 000 元，支付长聘科研助理劳务费用 1 000 元（税前），经费以财政直接支付方式支付。

经济业务	财务会计账务处理	预算会计账务处理
支付打印费	借：业务活动费用——教育费用——商品和服务费用　2 000 贷：财政拨款收入　2 000	借：事业支出——教育支出——商品和服务支出　2 000 贷：财政拨款预算收入　2 000
支付科研助理劳务费	借：业务活动费用——教育费用——商品和服务费用　1 000 贷：财政拨款收入　960 其他应交税费——应交个人所得税　40	借：事业支出——教育支出——商品和服务支出　960 贷：财政拨款预算收入　960
下月交纳应交个人所得税	借：其他应交税费——应交个人所得税　40 贷：银行存款　40	借：事业支出——教育支出——商品和服务支出　40 贷：资金结存——货币资金　40

（二）组织专家评审

包括组织校内专家自评和上级部门组织专家评审。

案例4－20：江东大学组织校外专家进行学科评审，支付场地租赁费2 000元，用车费1 000元，校外专家评审费5 000元（税后），均从学校学科项目中以银行存款支付。

经济业务	财务会计账务处理	预算会计账务处理
支付场地租赁费	借：业务活动费用——教育费用——商品和服务费用　2 000 贷：银行存款　2 000	借：事业支出——教育支出——商品和服务支出　2 000 贷：资金结存——货币资金　2 000
支付用车费	借：业务活动费用——教育费用——商品和服务费用　1 000 贷：银行存款　1 000	借：事业支出——教育支出——商品和服务支出　1 000 贷：资金结存——货币资金　1 000
支付专家评审费	借：业务活动费用——教育费用——商品和服务费用　5 952.38 贷：银行存款　5 000 其他应交税费——应交个人所得税　952.38	借：事业支出——教育支出——商品和服务支出　5 000 贷：资金结存——货币资金　5 000
下月交纳应交个人所得税	借：其他应交税费——应交个人所得税　952.38 贷：银行存款　952.38	借：事业支出——教育支出——商品和服务支出　952.38 贷：资金结存——货币资金　952.38

（三）验收结果

验收通过，学科经费继续留用或收回；验收不通过，项目结余经费上缴。财政专项经费余额若当年收回，则减少当年的"财政拨款收入"指标数，若余额下年度收回，则减少当年的"财政应返还额度"。

案例4－21：江东大学A学院A项目，两年后通过验收，结余经费8万元收回。

经济业务	财务会计账务处理	预算会计账务处理
如直接支付方式下收回项目余额	不作处理	不作处理
如授权支付方式下收回项目余额	借：财政应返还额度　80 000 贷：零余额账户用款额度　80 000	借：财政拨款结转——归集上缴　80 000 贷：资金结存——财政应返还额度　80 000

第五章

科学研究

本章内容简介：

科研经费泛指各种用于发展科学技术事业的费用。科研经费通常由政府、企业、民间组织、基金会通过委托方式对申请报告进行筛选，用于解决特定的科学和技术问题。科学技术是第一生产力，大多数国家都非常重视对科研的经费投入，科研经费占国家或者地区GDP的比重可以反映一个国家或者地区对科研的重视程度。

纵向科研经费实行预算管理，执行国家相关经费管理办法，严格按照项目主管部门批复的预算范围和开支比例规范使用科研经费。

横向科研经费实行合同管理，必须遵照项目合同书中约定的经费使用用途、范围和开支标准，执行国家和学校相关办法，合理、规范使用科研经费。

本章主要介绍在科研业务过程中常见的经济业务核算，包括科研收入确认、科研支出账务处理、科研结转结余处理。

第一节　科研收入

一、概述

科研收入指高等学校开展科研活动及其辅助活动实现的收入，主要包括纵向科研收入和横向科研收入。

二、账务处理

从同级财政部门取得科研收入，按照取得收入金额，财务会计借记“零余额账户用款额度”，贷记“财政拨款收入”；预算会计借记“资金结存——零余额账户用款额度”，贷记“财政拨款预算收入”。从非同级财政部门取得科研收入或从其他方式取得科研事业收入，财务会计借记“银行存款”“应收账款”等科目，贷记“事业收入——科研事业收入”；预算会计借记“资金结存——货币资金”，贷记“事业预算收入——科研事业预算收入”，为区分资金来源可在这两个科目下设“非同级财政拨款”和“A 项目”等三级明细科目进行核算。

（一）按合同完成进度确认收入

案例5-1：江东大学2×19年收到甲企业C项目科研到款100 000元。

经济业务	财务会计账务处理	预算会计账务处理
收到ABC企业科研项目到账	借：银行存款 100 000 贷：预收账款 100 000	借：资金结存——货币资金 100 000 贷：事业预算收入——科研事业预算收入 100 000

案例5-2：期末，确认科研完成的时间占合同期限的50%，学校确认收入50 000元。

经济业务	财务会计账务处理	预算会计账务处理
按合同确认收入	借：预收账款——甲企业 50 000 贷：事业收入——科研事业收入 50 000	不作处理

（二）按支出进度付款

案例5-3：江东大学2×19年收到乙企业科研到款100 000元，设立项目为D项目，2×19年4月，因科学研究需要发生测试费20 000元。

经济业务	财务会计账务处理	预算会计账务处理
收到企业到款	借：银行存款 100 000 贷：预收账款 100 000	借：资金结存——货币资金 100 000 贷：事业预算收入——科研事业预算收入 100 000
发生测试费用支出	借：业务活动费用——科研费用——商品和服务费用 20 000 贷：银行存款 20 000	借：事业预算支出——科研支出——商品和服务支出 20 000 贷：资金结存——货币资金 20 000
期末，确认收入	借：预收账款——ABC企业 20 000 贷：事业收入——科研事业收入 20 000	不作处理

（三）采用应收账款方式确认事业收入

案例5-4：江东大学与ABC企业签订科学研究合同，合同约定按照完成进度确定收入。2×19年3月，按照科研完成进度，确定应收账款2万元，同时开具3%税率的增值税发票，2×19年4月收到企业到款。

经济业务	财务会计账务处理	预算会计账务处理
根据合同完成进度计算本期应收的账款，预开发票	借：应收账款 20 000 贷：应交增值税——应交税金（销项税额） 600 事业收入——科研事业收入 19 400	不作处理

续表

经济业务	财务会计账务处理	预算会计账务处理
实际收到款项	借：银行存款　20 000 　贷：应收账款　20 000	借：资金结存——货币资金　20 000 　贷：事业预算收入——科研事业预算收入　20 000

第二节　提取、使用管理费或间接费

一、概述

按照规定从科研项目预算收入中提取或使用项目管理费或间接费。

二、账务处理

按规定从科研项目收入中提取项目间接费用或管理费，按照提取的金额，财务会计借记“单位管理费用”科目，贷记“预提费用——项目间接费用——管理费”；预算会计借记“非财政拨款结转——项目间接费”，贷记“非财政拨款结余——项目间接费”。实际使用计提的项目间接费用或管理费，按照实际支付的金额，财务会计借“预提费用——项目间接费用——管理费”等科目，贷记“银行存款”“库存现金”等科目；预算会计借记“事业支出——科研支出”等科目，贷记“资金结存——货币资金”等科目。

案例5－5：按照学校管理费间接费管理办法，对E科研提取专用基金6万元、间接费管理费4万元。从间接费中支取水电费1万元，购买不需要安装的固定资产2万元，支付科技转化基金3万元。

经济业务	财务会计账务处理	预算会计账务处理
计提科研项目间接费用10万元	借：业务活动费用——计提专用基金　60 000 　贷：专用基金——科技成果基金　60 000 借：单位管理费用　40 000 　贷：预提费用——项目间接费用——管理费　40 000	借：非财政拨款结转——项目间接费　40 000 　贷：非财政拨款结余——项目间接费　40 000
实际使用计提的间接费用支付水电费1万元	借：预提费用——项目间接——管理费　10 000 　贷：银行存款　10 000	借：事业支出——科研支出　10 000 　贷：资金结存——货币资金　10 000
实际使用计提的间接费用支付不需要安装固定资产2万元	借：固定资产　20 000 　贷：银行存款　20 000 借：预提费用——项目间接——管理费　20 000 　贷：累计盈余　20 000	借：事业支出——科研支出——其他资本性支出　20 000 　贷：资金结存——货币资金　20 000

续表

经济业务	财务会计账务处理	预算会计账务处理
实际使用计提的科技成果转化基金3万元	借：专用基金——科技成果基金 30 000 贷：银行存款 30 000	借：事业支出——科研支出 30 000 贷：资金结存——货币资金 30 000

第三节 科研借款

一、概述

科研借款是指在科研研究活动过程中发生的应收或暂付的待结算款项。

二、账务处理

因科研需要发生各种应收及暂付款项，按照实际发生金额，财务会计借记“其他应收款”等科目，贷记“银行存款”“库存现金”等科目；预算会计不作处理。

案例5-6：江东大学张老师因科研调研暂借差旅费2 000元。

经济业务	财务会计账务处理	预算会计账务处理
科研借款	借：其他应收款 2 000 贷：银行存款 2 000	不作处理

案例5-7：张老师出差回校，从A科研项目报销差旅费1 800元，冲暂借款，多余借款用现金交回。

经济业务	财务会计账务处理	预算会计账务处理
报销差旅费，冲借款	借：业务活动经费——科研费用——商品和服务费用 1 800 库存现金 200 贷：其他应收款——张老师 2 000	借：事业支出——科研支出——商品和服务支出 1 800 贷：资金结存 1 800

第四节 科研支出

一、概述

科研支出是指在项目组织实施过程中与研究活动相关的，由项目资金支付的各项费用支出。

二、账务处理

发生科学研究支出，财务会计借记“业务活动费用——科研费用”“固定资产”“在建工程”等科目，贷记“零余额账户用款额度”“银行存款”等科目；预算会计借记“事业支出——科研支出”等科目，贷记“资金结存——零余额账户用款额度”“资金结存——货币资金”等科目，财政直接支付方式支付，贷记“财政拨款预算收入”。

为满足成本核算需要，“业务活动费用——科研费用”科目下还可以按照“工资福利费用”“商品和服务费用”“对个人和家庭的补助费用”“固定资产折旧费”“无形资产摊销费”等成本项目设置明细科目。

（一）支付资本性费用

在项目研究过程中购置或试制专用仪器设备，对现有仪器设备进行升级改造，以及租赁外单位仪器设备而发生的费用。

案例 5-8：2×19 年 3 月 18 日，江东大学张栋从财政纵向科研 A 科项目购入不需安装的检测专用设备，设备总价 11.6 万元，通过财政授权支付方式支付货款；购入过程中发生运杂费 4 000 元，以银行存款支付。该项固定资产的使用年限 10 年，每月按照年限平均法计提固定资产折旧 1 000 元。

经济业务	财务会计账务处理	预算会计账务处理
购入不需安装的固定资产 11.6 万元，支付运杂费 4000 元	借：固定资产　120 000 贷：零余额账户用款额度　116 000 银行存款　4 000	借：事业支出——科研支出——其他资本性支出　120 000 贷：资金结存——零余额账户用款额度　116 000 资金结存——货币资金　4 000
按月计提折旧	借：业务活动费用——科研费用——固定资产折旧费　1 000 贷：固定资产累计折旧　1 000	不作处理

案例 5-9：2×19 年 3 月 20 日，江东大学王强从横向科研 B 科研项目购入需安装的医用专用设备，设备总价 22 万元，购入过程中发生运杂费 2 万元，以银行存款支付。该项固定资产的使用年限 10 年，每月按照年限平均法计提固定资产折旧 2 000 元。

经济业务	财务会计账务处理	预算会计账务处理
购入需安装的固定资产 24 万元，支付运杂费 2 万元	借：在建工程——专用设备　220 000 在建工程——运杂费　20 000 贷：银行存款　240 000	借：事业支出——科研支出——其他资本性支出　240 000 贷：资金结存——货币资金　240 000
安装完工交付使用时	借：固定资产　240 000 贷：在建工程——专用设备　220 000 在建工程——运杂费　20 000	不作处理

续表

经济业务	财务会计账务处理	预算会计账务处理
按月计提折旧	借：业务活动费用——科研费用——固定资产折旧费 2 000 贷：固定资产累计折旧 2 000	不作处理

（二）支付非资本性费用

1. 材料费购置：是指在项目研究过程中消耗的各种原材料、辅助材料、低值易耗品等的采购及运输、装卸、整理等费用。

案例 5-10：2×19 年 3 月，江东大学张东因国家自然基金 C 项目研究过程需要自行购入一批价值 1 万元专用材料并验收入库，货款通过银行存款支付。2×19 年 4 月张东为开展科研实验活动领用材料一批，经计算价值 0.6 万元。

经济业务	财务会计账务处理	预算会计账务处理
购入实验用专用材料	借：库存物品 10 000 贷：银行存款 10 000	借：事业支出——科研支出 10 000 贷：资金结存——货币资金 10 000
领用实验用专用材料	借：业务活动费用——科研费用——商品和服务费用 6 000 贷：库存物品 6 000	不作处理

2. 劳务费发放：是指在项目研究过程中支付给项目组成员中没有工资性收入的在校研究生、博士后和临时聘用人员的劳务费用，以及临时聘用人员的社会保险补助费用。

劳务费应当结合当地实际以及相关人员参与项目的工作时间等因素合理确定。

案例 5-11：2×19 年 3 月，江东大学张东因国家自然基金 C 项目研究过程需要支付 10 名研究生科研劳务费 2 000 元/人，共 2 万元；需支付临时聘用人员社保补助费用 6 000 元。

经济业务	财务会计账务处理	预算会计账务处理
支付劳务费、社保补助	借：业务活动费用——科研费用——商品和服务费用 20 000 业务活动费用——科研费用——商品和服务费用 6 000 贷：银行存款 26 000	借：事业支出——科研支出——商品和服务支出 26 000 贷：资金结存——货币资金 26 000

3. 专家咨询费发放：是指在项目研究过程中支付给临时聘请的咨询专家的费用。专家咨询费标准按国家有关规定执行。

案例 5-12：2×19 年 3 月，江东大学张东因国家自然基金 C 项目研究过程通过现场访谈的形式向全国知名专家咨询科研相关问题。按国家标准支付专家咨询费 4 000 元，同时代扣代缴个人所得税 640 元。

经济业务	财务会计账务处理	预算会计账务处理
支付专家咨询费并代扣个人所得税	借：业务活动费用——科研费用——商品和服务费用　4 000 贷：银行存款　3 360 其他应交税费——应交个人所得税　640	借：事业支出——科研支出——商品和服务支出　3 360 贷：资金结存——货币资金　3 360
实际缴纳代扣个人所得税640元	借：其他应交税费——应交个人所得税　640 贷：银行存款　640	借：事业支出——科研支出——商品和服务支出　640 贷：资金结存——货币资金　640

（三）科研外协支出

外协服务支出业务范围包括科研、协作、技术开发、技术咨询、技术服务及科技成果转让等外协服务项目，科研项目中预算批复可转出的合（协）作经费（转出款）除外。

1. 收到科研协作费拨款

案例5－13：以银行存款方式收到财政部门科研协作费拨款5万元。

经济业务	财务会计账务处理	预算会计账务处理
收到财政部门科研协作费拨款5万元	借：银行存款　50 000 贷：预收账款　50 000	借：资金结存——货币资金　50 000 贷：事业预算收入——科研预算收入　50 000

2. 转拨协作经费

案例5－14：按科研协作合同和行政事业单位资金结算收据、资金到款证明转拨科研协作经费5万元，以银行存款方式支付。暂不考虑增值税。

经济业务	财务会计账务处理	预算会计账务处理
校外协作费	借：预收账款　50 000 贷：银行存款　50 000	借：事业预算收入——科研预算收入　50 000 贷：资金结存——货币资金　50 000

（四）内部交易

学校内部单位对其他内部单位提供服务实现的各项收入可计入“其他收入”；“业务活动费用”可设置（内部交易费用）明细科目核算高校内部教学科研单位接受其他内部单位提供的服务所发生的各项费用。

案例5－15：2×19年3月，江东大学张某因国家自然基金C项目研究过程发生校内测试费3 000元，内部转账与测试中心进行结算。

经济业务	财务会计账务处理	预算会计账务处理
发生校内测试费3000	借：业务活动费用——科研费用——商品和服务费用　3 000 贷：其他收入　3 000	借：事业支出——科研支出——商品和服务支出　3 000 贷：其他预算收入　3 000

注意事项：关于内部交易，有的高校通过项目指标直接划转，造成项目余额和科目收支结余之间存在差异。故此处关于内部交易的处理方法仅代表本书观点。

第五节 科技奖励及配套

一、概述

为了进一步提高学校科学研究水平，学校给予科研项目成功的奖励及科研配套资金。

二、账务处理

发生科研奖励支出，财务会计借记"业务活动费用——教育费用"等科目，贷记"应付职工薪酬""银行存款"等科目；预算会计借记"事业支出——教育支出"，贷记"资金结存——货币资金"等科目。

案例5-16：江东大学依据学院校2×19年根据学校科研奖励及配套管理办法，学校核定本年度学校相关科研成果决定对符合条件的给予奖励，核算发放科研绩效奖励1 200万元。

经济业务	财务会计账务处理	预算会计账务处理
计算确认当期应发放绩效金额	借：业务活动费用——教育费用——工资福利费用 12 000 000 贷：应付职工薪酬——科研绩效 12 000 000	不作处理
实际发放（不考虑税金）	借：应付职工薪酬——科研绩效 12 000 000 贷：银行存款 12 000 000	借：事业支出——教育支出——工资福利支出 12 000 000 贷：资金结存——货币资金 12 000 000

第六节 科研专利管理

一、概述

专利管理工作范围包括专利申请前材料准备、向专利局提出专利申请、获得专利权、专利权实施许可和转让直至专利权终止的全过程管理。申请的专利权包括发明、实用新型和外观设计三种。

二、账务处理

发生科研专利管理支出，财务会计借记"业务活动费用——科研费用——商品和服务费用”“预付账款”，贷记“银行存款”等科目；预算会计借记“事业支出——科研支出”，贷记“资金结存——货币资金”等科目。申请成功后转入“无形资产”科目。

（一）上交专利申请费

1. 通过代理机构上交专利费用

案例 5－17：江东大学通过 E 专利代理机构上交专利费用 20 000 元，以银行存款支付。

经济业务	财务会计账务处理	预算会计账务处理
由学校统一负担的申请费预付	借：预付账款——E 专利代理机构 20 000 贷：银行存款 20 000	借：事业支出——科研支出——商品和服务支出 20 000 贷：资金结存——货币资金 20 000
收到代理机构发票冲销预付款	借：业务活动费用——科研费用——商品和服务费用 20 000 贷：预付账款——E 专利代理机构 20 000	不作处理

2. 学校自行上交专利费用

案例 5－18：江东大学自行上交专利费用 10 000 元，以银行存款支付。

经济业务	财务会计账务处理	预算会计账务处理
学校统一负担	借：业务活动费用——科研费用——商品和服务费用 10 000 贷：银行存款 10 000	借：事业支出——科研支出——商品和服务支出 10 000 贷：资金结存——货币资金 10 000

（二）申请成功

案例 5－19：江东大学专利申请成功，国家现国家知识产权局开具的专利收费收据的代理费、申请费、文印费等和专利费合计 5 000 元，计入自创无形资产的价值。

经济业务	财务会计账务处理	预算会计账务处理
专利申请完成，达到预定用途形成无形资产	借：无形资产 5 000 贷：研发支出 5 000	不作处理

（三）上交专利维护费

案例 5－20：江东大学共有专利 1 500 项专利申请完成，达到预定用途形成无形资产的，按照国家规定每年缴纳专利维护费。每年缴纳 5 000 元专利维护费，以银行存款支付。

经济业务	财务会计账务处理	预算会计账务处理
支付专利维护费	借：业务活动费用——科研费用——商品和服务费用 50 000 贷：银行存款 50 000	借：事业支出——科研支出——商品和服务支出 50 000 贷：资金结存——货币资金 50 000

第七节　科研成果转化

一、概述

科研成果，是指通过科学研究与技术开发所产生的具有使用价值的成果。

职务科技成果，是指执行研究开发机构、高等院校和企业等单位的工作任务，或者主要是利用上述单位的物质技术条件所完成的科技成果。

科技成果转化，是指为提高生产力水平而对科技成果所进行的后续试验、开发、应用、推广直至形成新技术、新工艺、新产品、发展新产业等活动。科技成果转化主要有以下形式：

（一）自行投资实施转化或以该科技成果作为合作条件，与他人共同实施转化；

（二）向他人转让该科技成果；

（三）许可他人使用该科技成果；

（四）以该科技成果作价投资，折算股份或者出资比例。

二、账务处理

（一）科技成果转化净收入留用

国务院2015年修订《中华人民共和国促进科技成果转化法》，教育部、科技部《关于加强高等学校科技成果转化工作的若干意见》（教技〔2016〕3号）等法律和行政法规明确了高校的科技成果转移转化收益留归学校，纳入单位预算，不上缴国库。自被授予科技成果转移转化收益留用权后，高校相关转让净收入就不用作为"应缴国库款"入账。而新无形资产准则在无形资产的处置规定中明确政府会计主体转让无形资产净收益作为应缴款项或者当期收入处理。财务会计借记"资产处置费用""无形资产累计摊销""银行存款"等科目，贷记"无形资产""其他收入"等科目；预算会计借记"资金结存——货币资金"等科目，贷记"其他预算收入"。

案例5-21：江东大学经批准将一项专利权出售，该项专利权原价500 000元，已计提摊销300 000元，售价250 000元，转让收入按照规定纳入本单位预算。暂不考虑税金。

经济业务	财务会计账务处理	预算会计账务处理
转让科研成果，冲销原账面价值及累计摊销	借：资产处置费用　200 000 　　无形资产累计摊销　300 000 　　贷：无形资产　500 000	不作处理
取得转让收入	借：银行存款　250 000 　　贷：其他收入——科研成果转化收入　250 000	借：资金结存——货币资金　250 000 　　贷：其他预算收入　250 000

（二）科技成果许可

科技成果许可是指高校以有偿许可的方式向企业或其他单位授权使用科技成果。财务会计借记“银行存款”“其他费用”等科目，贷记“其他收入”等科目；预算会计借记“资金结存——货币资金”等科目，贷记“其他预算收入”。

案例5－22：江东大学发生科技成果许可业务，合同期一年，按照合同总共支付许可费120 000元，按照平均年限法确定收入，每月确定收入10 000元。在取得科技成果许可业务过程中发生相关费用500元。

经济业务	财务会计账务处理	预算会计账务处理
收到许可费	借：银行存款 120 000 贷：预收账款 120 000	借：资金结存——货币资金 120 000 贷：其他预算收入 120 000
按照合同确认收入	借：预收账款 10 000 贷：其他收入——科技成果许可 10 000	不作处理
支付发生相关费用	借：其他费用 500 贷：银行存款 500	借：其他预算支出 500 贷：资金结存——货币资金 500

（三）科技成果作价入股

科技成果作价入股是指高校将拥有的科技成果作价换取被投资企业的股权，这相当于非货币性资产交换。高校会计制度按照评估价值加上相关税费作为换入投资的入账价值，同时将转出无形资产的账面价值与其对应的非流动资产基金相互转销。新无形资产准则遵循财务会计权责发生制理念，要求将转出无形资产的评估价值与账面价值的差额计入当期收入或费用。

按照新无形资产准则的规定，具体账务处理财务会计应为：经学校批准投资，按照无形资产账面价值转销借记“待处理财产损溢”“累计摊销”等科目，贷记“无形资产——×科技成果”科目；换入被投资企业股权，按照评估价值借记“长期股权投资”科目，按照“待处理财产损溢”科目借方余额贷记“待处理财产损溢”，两者之间的差额借记“其他费用”科目或者贷记“其他收入——投资收益”科目；预算会计不作处理。

案例5－23：江东大学经批准将技术成果中一项专利权作价入股，该项专利权原价1 000 000元，已计提摊销500 000元，经评估公允价值3 000 000元。其中40%奖励给科技人员。该专利符合《财政部、国家税务总局关于全面推开营业税改征增值税试点的通知》（财税〔2016〕36号）附件3“营业税改征增值税试点过渡政策”中技术转让免征增值税的规定。

经济业务	财务会计账务处理	预算会计账务处理
专利权作价入股	借：待处理财产损溢 500 000 无形资产累计摊销 500 000 贷：无形资产——科技成果 1 000 000	不作处理

续表

经济业务	财务会计账务处理	预算会计账务处理
按评估价值换入企业股份	借：长期股权投资——学校 3 000 000 贷：其他收入 2 500 000 待处理财产损溢 500 000	不作处理
奖励给科技人员股权（股权奖励不征收个人所得税，将来转让股权时按照20%征税）	借：业务活动费用——科研费用——工资福利费用 1 200 000 贷：应付职工薪酬——其他个人收入 1 200 000 借：应付职工薪酬 1 200 000 贷：长期股权投资 1 200 000	不作处理

第八节 科研平台、重点实验室开放课题

一、概述

面向国内外从事基研和应用基础研究的高等院校、学术机构、研究所及从事信息技术的企业单位。支持国内外高水平研究人员对实验室当前关心的重点研究课题开展前沿性、探索性的研究工作、资助工作基础较好、学术特色明显的关键理论、方法和技术研究实验室、主要承担单位为企业或应用单位，旨在沟通实验室和企业或应用单位的联系，促进实验室研究成果的转化的开放课题基金。

主要支出范围包括：

（一）与获资助课题直接有关的研究费用。如材料费、加工费、实验费、水电费、差旅费、消耗品购置费、小型仪器添置费等。

（二）与获资助课题直接有关的学术活动费。如调研费、印刷费等。

（三）客座人员来室的交通、住宿及生活补贴等费用。

（四）管理费，用于实验室公共性开支。

（五）工作人员津贴。

（六）其他开支。

二、账务处理

（一）开放课题立项

通过评审，不作账务处理。

（二）开放课题转拨

开放课题转拨时，财务会计借记“银行存款”“库存物品”“业务活动费用”等科目，

贷记“事业收入”等科目；预算会计借记“资金结存——货币资金”“事业支出等科目，贷记“事业预算收入”等科目。

1. 获得校外拨款

案例 5－24：江东大学获得甲重点实验室开放课题经费 50 000 万元，按照经费管理办法，根据申报预算设立专项入账。

经济业务	财务会计账务处理	预算会计账务处理
非同级财政拨款到账	借：银行存款　50 000 　贷：事业收入——科研事业收入　50 000	借：资金结存——货币资金　50 000 　贷：事业预算收入——科研事业预算收入　50 000

案例 5－25：支付甲重点实验室开放课题研究需要的材料一批，价值 3 000 元，并验收入库 3 000 元，通过银行存款付款。

经济业务	财务会计账务处理	预算会计账务处理
购入实验用专用材料	借：库存物品　3 000 　贷：银行存款　3 000	借：事业支出——科研支出——商品和服务支出　3 000 　贷：资金结存——货币资金　3 000

2. 材料实际使用

案例 5－26：开展科研实验活动领用材料一批，经计算价值 2 000 元。

经济业务	财务会计账务处理	预算会计账务处理
领用实验用专用材料	借：业务活动费用——科研费用——商品和服务费用　2 000 　贷：库存物品　2 000	不作处理

3. 报销会议费

案例 5－27：为开展科研实验活动召开重点实验室研讨会，按照会议费管理办法要求提供了会议备案表、会议通知、签到表、会议决算等相关材料，共发生会议费用 25 000 元，并通过银行存款付款。

经济业务	财务会计账务处理	预算会计账务处理
报销会议费	借：业务活动费用——科研费用——商品和服务费用　25 000 　贷：银行存款　25 000	借：事业支出——科研支出——商品和服务支出　25 000 　贷：资金结存——货币资金　25 000

（三）向校外拨款

案例 5－28：因重点实验室经费研究需要，外校人员申请本校开放课题，根据提供的合同、立项申请、资质证明等相关材料，学校向申请人拨付课题经费 5 万元。

经济业务	财务会计账务处理	预算会计账务处理
本校向外转拨开放课题费用	借：业务活动费用——科研费用——商品和服务费用 50 000 贷：银行存款 50 000	借：事业支出——科研支出——商品和服务支出 50 000 贷：资金结存——货币资金 50 000

第九节 科研结转结余

一、概述

结转资金，是指预算未全部执行或未执行，下年需按原用途继续使用的预算资金。科研结余资金则是指项目实施周期已结束，项目目标完成或项目提前终止，尚未列支的项目支出预算资金。

二、账务处理

具体账务处理详见第十七章期末结转业务。

第六章

社会培训

本章内容简介：

服务社会是高等教育的最重要职能之一。本章所指培训业务，指高校为满足社会需要，利用自身专业优势开展的非学历教育培训、进修、辅导等办班服务。

第一节　培训收入

一、概述

高校为满足社会需要，利用自身专业优势开展的非学历教育培训、进修、辅导等办班服务所取得的收入。多采用现金、支票转账、银行汇款、POS 机以及其他电子方式收款，同时按规定开具增值税发票。

二、账务处理

取得培训收入款项，财务会计借记“库存现金”“银行存款”等科目，贷记“事业收入”“经营收入”等科目；预算会计借记“资金结存”科目，贷记“事业预算收入”“经营预算收入”等科目。

注意事项：

1. 学校在举办培训过程中应按照当地物价部门批准的标准和规定收费。
2. 培训收入应严格执行“收支两条线”的管理规定，不得坐支。

案例 6－1： 江东大学为某省属大学，下属某学院举办非学历教育培训班，培训时间为 3 天，培训支出标准执行当地省级三类培训费综合定额标准 550 元/人/天。培训地点符合当地省采定点要求，按 2000 元/人的标准收取 150 人的培训费收入，以银行存款方式收取。假设江东大学该培训收入按当地物价部门规定进行了公示，且已开具了增值税票，增值税按简易征收方式征收，增值税税率 3%。

经济业务	财务会计账务处理	预算会计账务处理
确认收入时	借：银行存款　300 000 　贷：事业收入——教育收入　291 262. 14 　　应交增值税　8 737. 86	借：资金结存——货币资金　300 000 　贷：事业预算收入——教育预算收入 　　300 000

第二节 培训成本

一、概述

培训成本包括培训师资费、管理人员薪酬、场地费、材料费、住宿费、伙食费、交通费、交流活动费、医药费以及其他相关支出。

二、账务处理

发生相关培训成本，财务会计借记“业务活动费用——教育费用”，贷记“银行存款”等科目；预算会计借记“事业支出——教育支出”，贷记“资金结存——货币资金”等科目。

注意事项：综合定额标准的确定，应按照当地规定的标准计算。

（一）支付师资费

师资费包括支付给教师的薪酬和教师住宿、伙食、交通费等。假设该省规定除师资费以外，培训班其他支出超出规定综合定额标准部分的，不得报销。师资费不计入综合定额标准。

案例6-2：支付3位外请教师师资费，其中3位教师中A、B均为教授，C为全国知名专家，按照教授1 000元/课时（税后）、知名专家1 500元/课时（税后）支付师资薪酬，每位教师课时量每天均为8课时，教师A、B应得师资薪酬每人8 000元（税后），A、B每人应交个人所得税1 523.81元；C应得师资薪酬12 000元（税后），应交个人所得税2 285.72元。师资薪酬共33 333.34元。

经济业务	财务会计账务处理	预算会计账务处理
支付教师课酬	借：业务活动费用——教育费用——商品和服务费用 33 333.34 贷：银行存款 28 000 其他应交税费——个人所得税 5 333.34	借：事业支出——教育支出——商品和服务支出——培训费 28 000 贷：资金结存——货币资金——银行存款 28 000

案例6-3：接上例，支付教师住宿费、交通费、伙食费4 000元。

经济业务	财务会计账务处理	预算会计账务处理
支付教师住宿费、交通费、伙食费	借：业务活动费用——教育费用——商品和服务费用 4 000 贷：银行存款 4 000	借：事业支出——教育支出——商品和服务支出 4 000 贷：资金结存——货币资金——银行存款 4 000

（二）支付培训班成本中除师资费以外的其他办班成本

案例6－4：支付培训班管理人员3人薪酬3 000元（税前），计算出该3人当月应交个人所得税252元。支付培训班场租费18 000元，讲义印刷费50元/人、学员伙食费200元/人、管理人员伙食费600元，用车费5 000元，学员住宿费由学员个人承担。

假设按照某省属文件规定，省级三类培训费综合定额标准为550元/人/天，其中住宿费不超过340元/人/天，师资费单独计算。计算过程如下：

1. 师资费33 333.34＋4 000＝37 333.34（元）

2. 除师资费以外，培训费成本为：

管理人员薪酬3 000＋场租费18 000＋讲义费50×150＋伙食费200×150＋管理人员伙食费600＋交通费5 000＝64 100（元）

3. 除师资费以外，培训费成本最高为：3 000＋（550－340）×150人×3天＝97 500（元）

4. 培训班成本64 100＜综合定额标准97 500，培训班成本可全额报销。

经济业务	财务会计账务处理	预算会计账务处理
支付培训班成本中除师资费以外的其他办班成本	借：业务活动费用——教育费用——商品和服务费用　3 000 贷：银行存款　2 748 其他应交税费——个人所得税　252 借：业务活动费用——教育费用——商品和服务费用　61 100 贷：银行存款　61 100	借：事业支出——教育支出——商品和服务支出——培训费　2 748 贷：资金结存——货币资金　2 748 借：事业支出——教育支出——商品和服务支出——培训费　61 100 贷：资金结存——货币资金　61 100

（三）实际缴纳有关税款

案例6－5：次月初交纳相关税费。

经济业务	财务会计账务处理	预算会计账务处理
实际缴纳相关税费	借：应交增值税　8 737.86 其他应交税费——个人所得税　5 585.34 贷：银行存款　14 323.2	借：事业支出——教育支出——商品和服务支出　14 323.2 贷：资金结存——货币资金　14 323.2

第三节　培训费结余结转

一、概述

财务会计应于月末对当期培训费收入、支出进行结转，预算会计应于年末对当期收支进行结转。

二、账务处理

月末对培训费结余进行结转，财务会计将有关培训费收入、支出科目转入“本期盈余”科目，预算会计转入“其他结余”科目。

案例6-6：接上例。月末结转该培训班收支结余。

计算：财务会计培训费支出 =33 333.34 +3 000 +65 100 =101 433.34（元）

预算会计培训费支出 =28 000 +2 748 +65 100 +14 323.2 =110 171.2（元）

经济业务	财务会计账务处理	预算会计账务处理
结转培训收入	借：事业收入——教育收入　291 262.14 贷：本期盈余　291 262.14	借：事业预算收入——教育预算收入　300 000 贷：其他结余　300 000
结转办班支出	借：本期盈余　101 433.34 贷：业务活动费用——教育费用——商品和服务费用　101 433.34	借：其他结余　110 171.2 贷：事业支出——教育支出——商品和服务支出　110 171.2

验算核对结果：

财务会计收支结余（291 262.14 -101 433.34） =189 828.8（元）

预算会计收支结余（300 000 -110 171.2） =189 828.8（元）

第七章

行政管理

本章内容简介：

高校行政管理工作是高校为了实现教学、科研目标，依靠一定的机构和制度，采用一定的手段和措施，发挥管理和行政职能，从而实现预定目标的组织活动。它是学校日常运作的支撑和保障，是推动学校建设、发展和改革的重要力量，与学校的办学水平和办学效益直接相关。

有关部门发生的与高校行政管理职能相关的费用主要分为人员支出和商品服务支出。商品服务支出主要包含用于维系部门日常运行的一般性公用支出和具有部门显著专业特征的部门专项业务支出。本章将具有共性特征的支出、费用做具体详细说明。

第一节　行政管理部门人员薪酬

一、概述

核算行政管理部门人员的工资薪酬和福利费用。

二、账务处理

计提管理人员职工薪酬，财务会计借记“单位管理费用——行政管理费用——工资福利费用”，贷记“应付职工薪酬”科目；预算会计不作处理。

发放管理人员薪酬，同时代扣五险一金等款项，财务会计按照计提金额借记“应付职工薪酬”，贷记“其他应交税费——应交个人所得税”“应付职工薪酬——职工各类保险、职业年金、住房公积金”“财政拨款收入——教育补助收入”“零余额账户用款额度”“银行存款”等科目；预算会计按照实际支付给个人的部分，借记“事业支出——行政管理支出——工资福利支出”，贷记“财政拨款预算收入——教育补助预算收入”“资金结存——货币资金”等科目。

实际缴纳各类费用，财务会计借记“单位管理费用——行政管理费用——工资福利费用”“其他应交税费——应交个人所得税”“应付职工薪酬——职工各类保险、职业年金、住房公积金”等科目，贷记“银行存款”等科目，预算会计按照实际缴纳金额，借记“事业支出——行政管理支出”，贷记“资金结存”等科目。

（一）管理人员工资薪酬

案例7－1：江东大学5月4日计提管理部门人员工资为1 000 000元。江东大学5月9日发放工资，管理部门人员工资为1 000 000元，代扣个人所得税150 000元，住房公积金120 000元，养老保险、失业保险80 000元，职业年金40 000元。所有款项通过财政授权支付方式支付。

6月20日，交纳管理人员5月代扣各项税费，缴纳代扣个人所得税150 000元，交纳住房公积金240 000元（其中个人代扣120 000元），缴纳养老保险280 000元（其中个人代扣80 000元），缴纳职业年金120 000元（其中个人代扣40 000元）。所有款项通过财政授权支付方式支付。

经济业务	财务会计账务处理	预算会计账务处理
计提管理人员薪酬	借：单位管理费用——行政管理费用——工资福利费用 1 000 000 贷：应付职工薪酬——基本工资 1 000 000	不作处理
发放管理人员薪酬	借：应付职工薪酬——基本工资 1 000 000 贷：零余额账户用款额度 610 000 其他应交税费——应交个人所得税 150 000 应付职工薪酬——职工各类保险 80 000 应付职工薪酬——职业年金 40 000 应付职工薪酬——住房公积金 120 000	借：事业支出——行政管理支出——工资福利支出 610 000 贷：资金结存——零余额账户用款额度 610 000
下个月初，实际缴纳各类保险、个人所得税	借：单位管理费用——行政管理费用——工资福利费用 400 000 其他应交税费——应交个人所得税 150 000 应付职工薪酬——职工各类保险 80 000 应付职工薪酬——职业年金 40 000 应付职工薪酬——住房公积金 120 000 贷：零余额账户用款额度 790 000	借：事业支出——行政管理支出——工资福利支出 790 000 贷：资金结存——零余额账户用款额度 790 000

（二）管理人员福利费用

案例7－2：接上例，江东大学某行政部门慰问生病职工支付慰问费1 000元，用财政授权支付方式支付。

经济业务	财务会计账务处理	预算会计账务处理
支付慰问金	借：单位管理费用——行政管理费用——对个人和家庭的补助费用　1 000 贷：零余额账户用款额度　1 000	借：事业支出——行政管理支出——对个人和家庭的补助　1 000 贷：资金结存——零余额账户用款额度　1 000

第二节　日常运行费用

一、概述

高校行政管理部门发生的具有共性特征的日常运行费用（不含人员费用），主要包括办公耗材、通讯邮电、交通差旅、维修维护、资料印刷、劳务咨询、租赁费、公务接待、公务用车、公务出国出境、会议培训、固定资产累计折旧、无形资产累计摊销等费用。

二、账务处理

发生行政管理部门日常运行费用，按照实际发生业务类型，财务会计借记“单位管理费用——行政管理费用”，贷记“零余额账户用款额度”“固定资产累计折旧”等科目；预算会计借记“事业支出——行政管理支出”，贷记“资金结存”等科目。

当年发生销货退回，财务会计借记“财政拨款收入”“零余额账户用款额度”“银行存款”“应收账款”等科目，贷记“库存物品”“单位管理费用”等科目；预算会计借记“财政拨款预算收入”“资金结存”等科目，贷记“事业支出——行政管理支出——商品和服务支出”。

（一）校外人员劳务咨询费

发放标准应遵循国家、各单位有关规定，同时提供证件号码、工作单位、联系电话、发放事由、解决的问题，职务、职称、工作量等内容等必要的支撑材料和内容。

案例 7－3：江东大学机关某管理部门因业务需要，邀请三名校外专家对本校某人才项目申报活动进行评审。三名校外专家中，两位为教授、全国知名专家，一位为教授。评审时间为一天，按照本校规定，外请知名专家的咨询费标准为税后 3 600 元/人/天，普通正高职称专家咨询费标准为税后 2 400 元/人/天。通过财政授权支付方式支付三位专家评审费。次月 20 日，交纳该笔个人所得税款 1 808. 56 元。

计算：

1. 计算三位外请专家的税前薪酬（即应纳税所得额）

知名专家：3 600 ÷ 0. 84 = 4 275. 71 （元/人）

普通教授：2 400 ÷ 0. 84 = 2 857. 14 （元/人）

2. 三位外请专家的应缴个税 = （4 275.71 - 3 600） ×2 + （2 857.14 - 2 400） = 1 808.56（元）

经济业务	财务会计账务处理	预算会计账务处理
计提外请人员咨询费	借：单位管理费用——行政管理费用——商品和服务费用——专家咨询费 11 408.56 贷：其他应付款——A 知名专家 3 600 其他应付款——B 知名专家 3 600 其他应付款——C 教授 2 400 其他应交税费——个人所得税 1 808.56	不作处理
实际支付外请人员咨询费	借：其他应付款——A 知名专家 3 600 其他应付款——B 知名专家 3 600 其他应付款——C 教授 2 400 贷：零余额账户用款额度 9 600	借：事业支出——行政管理支出——商品和服务支出——咨询费 9 600 贷：资金结存——零余额账户用款额度等 9 600
实际缴纳税款	借：其他应交税费——应交个人所得税 1 808.56 贷：银行存款 1 808.56	借：事业支出——行政管理支出——商品和服务支出——咨询费 1 808.56 贷：资金结存——货币资金 1 808.56

（二）其他日常运行费用

案例 7 -4：江东大学校长办公室 A 职工从财务部门预借差旅费 5 000 元，A 职工出差实际发生差旅费 5 500 元，所有款项用银行存款支付。

经济业务	财务会计账务处理	预算会计账务处理
开展管理活动发生预付、暂付款项	借：其他应收款——A 职工 5 000 贷：银行存款 5 000	不作处理
实际报销差旅费	借：单位管理费用——行政管理费用——商品和服务费用——差旅费 5 500 贷：其他应收款——A 职工 5 000 银行存款 500	借：事业支出——行政管理支出——商品和服务支出——差旅费 5 500 贷：资金结存——货币资金 5 500

案例 7 -5：江东大学组织部因办公需要拟购买笔记本电脑一台，资产部门已完成了校内审批手续，并已通过政府采购完成购买，以财政授权方式支付货款 8 000 元，组织部门已办理了资产领用手续。本月管理部门所用固定资产计提折旧金额为 300 000 元，无形资产摊销为 60 000 元。5 月末，根据江东大学资产处统计，资产处交来各部门库存文具领用

表，本校管理部门本月累计从资产处领用办公用品 8 000 元。

经济业务	财务会计账务处理	预算会计账务处理
为开展管理活动购买资产	借：固定资产 8 000 贷：零余额账户用款额度 8 000	借：事业支出——行政管理支出——商品和服务支出 8 000 贷：资金结存——零余额账户用款额度 8 000
管理活动所用固定资产、无形资产计提折旧、摊销	借：单位管理费用——行政管理费用——固定资产折旧费 360 000 贷：固定资产累计折旧——通用设备 300 000 无形资产累计摊销 60 000	不作处理
开展管理活动内部领用库存物品	借：单位管理费用——行政管理费用——商品和服务费用——专用材料费 8 000 贷：库存物品——其他库存物品 8 000	不作处理

第三节 “三公”经费

一、概述

高校“三公”经费，指高校工作人员因公出国（境）经费、公务车购置及运行费、公务招待费产生的经费支出，是当前公共行政领域重点关注的问题之一。自党的十八大以来，“三公经费”成为各类审计、巡视工作必查问题之一，也是信息公开必须披露的内容之一。

二、账务处理

单位发生“三公”支出，财务会计借记“单位管理费用——行政管理费用——商品和服务费用”，贷记“零余额用款额度”“银行存款”等科目；预算会计借记“事业支出——行政管理支出——商品和服务支出”，贷记“资金结存”等科目。

（一）公务接待费

公务接待费，是指高等学校在进行国内公务活动（包括出席会议、考察调研、执行任务、学习交流、检查指导、请示汇报工作等公务活动）发生的接待费用。接待费用包括接待住宿费和接待工作餐费。

注意事项：发生接待费用，应根据各单位制定的公务接待费有关规定，准备好来访单位的公函或本单位邀请函、公务接待审批表、接待清单、财务凭证等材料。超标准、超范围、超陪同人数的接待费不得报销。

案例 7－6：江东大学公务接待费由校长办公室统一管理。5 月 18 日，外省同系统大学一行 8 人来校学习交流，发生接待工作餐费 1 345 元，接待 1 人住宿费 380 元，其余住宿费为来访单位自付，来访单位持公函来访。假设江东大学地方工作餐标准为 120 元/人，按规定，公务接待费的陪同人数 10 人以下为 3 人，用财政授权支付方式支付完毕。当地差旅费标准为 380 元/人。

计算：

工作餐费应报金额 =（8＋3）×120＝1 320（元）

公务接待费应报金额＝1 320＋380＝1 700（元）

经济业务	财务会计账务处理	预算会计账务处理
报销国内公务接待费	借：单位管理费用——行政管理费用——商品和服务费用——公务接待费 1 700 贷：零余额账户用款额度 1 700	借：事业支出——行政管理支出——商品和服务支出 1 700 贷：资金结存——零余额账户用款额度 1 700

案例 7－7：接上例，江东大学 5 月 20 日接待国外合作办学单位——澳大利亚某大学一行外宾 4 人来校洽谈合作办学事宜，发生工作餐费 2 400 元，外事礼品费 800 元，来访单位持公函来访。按照当地外事接待规定，来访外宾 5 人以下的，陪同人数为 1∶1，工作餐标准为 300 元/人，外事礼品为 200 元/人。经计算，以上费用均符合学校外事接待规定。以上费用用财政授权支付方式支付。

经济业务	财务会计账务处理	预算会计账务处理
报销涉外公务接待	借：单位管理费用——行政管理费用——商品和服务费用——公务接待费 3 200 贷：零余额账户用款额度 3 200	借：事业支出——行政管理支出——商品和服务支出 3 200 贷：资金结存——零余额账户用款额度 3 200

（二）公务车购置及运行费

公务车购置及运行费是指按照政府公务用车制度改革要求，高等学校按照规定配备的用于定向保障公务活动的机动车辆，包括实物保障用车、同城异地用车、特种专业技术用车以及其他按照规定配备的公务用车而发生的油费、保险费、维修维护等日常运行费用，还包含按规定参加公车改革人员普通公务出行货币化保障，以及因公务用车不足而发生的社会化服务用车费用。

因高校事业发展需要，经主管部门批准购置的公务用车，纳入学校预算管理，按政府采购有关规定办理采购手续，计入学校固定资产管理。

案例 7－8：江东大学已实施了公车改革。5 月 9 日，发放校内 9 位副校级领导公务交通费补贴，标准为 1 690 元/人/月。5 月 30 日，校长办公室报销两位正校级领导的当月实物保障用车油费 5 000 元，车辆保险费 8 000 元，公车维修维护费 4 000 元，报销学校机要车辆油费 2 000 元，维修费 1 500 元，报销副校级校领导异地校区办公租用社会用车费 3 000元。以上费用用财政授权支付方式支付。

经济业务事项	财务会计账务处理	预算会计账务处理
5月9日发放副校级校领导公务交通补贴	借：单位管理费用——行政管理费用——商品和服务费用——公务交通费　15 210 贷：零余额账户用款额度　15 210	借：事业支出——行政管理支出——商品和服务支出　15 210 贷：资金结存——零余额账户用款额度　15 210
5月30日报销正校级校领导实物保障用车运行费	借：单位管理费用——行政管理费用——商品和服务费用——公务交通费　17 000 贷：零余额账户用款额度　17 000	借：事业支出——行政管理支出——商品和服务支出　17 000 贷：资金结存——零余额账户用款额度　17 000
报销学校机要车辆运行费	借：单位管理费用——行政管理费用——商品和服务费用——公务交通费　3 500 贷：零余额账户用款额度　3 500	借：事业支出——行政管理支出——商品和服务支出　3 500 贷：资金结存——零余额账户用款额度　3 500
报销副校级校领导异地校区办公租用社会用车费	借：单位管理费用——行政管理费用——商品和服务费用——公务交通费　3 000 贷：零余额账户用款额度　3 000	借：事业支出——行政管理支出——商品和服务支出　3 000 贷：资金结存——零余额账户用款额度　3 000

（三）公务出国（境）费

高校的公务出国出境费用，广义上讲，除包括因行政管理工作需要安排的公务出国（境）出访以外，还应包括因公联合办学、国际学术交流、因公出国进修等方面出国出境发生的费用。因公临时出国经费应当全部纳入预算管理。因公临时出国经费包括：国际旅费、国外城市间交通费、住宿费、伙食费、公杂费和其他费用。

注意事项：因公临时出国经费和出国出境进修费用的列支，应按照地方要求，进行当地地方政府的出国境手续的审批。经审批同意后，购买国际旅费机票和出国出境期间所用非经营性非贸易性用汇，应按照当地财政部门规定办理。对于手续不齐备、超标准用汇、未按规定乘坐交通工具等情况不得报销。

案例7－9：江东大学某校领导一行3人准备前往本校联合办学单位进行有关事宜考察，目的地为美国一类地区某两个城市。公务出国的校内审批手续和省政府因公出国手续已经办结，省政府因公出国批件已经下达，批准出访时间为5天。假设按规定美国一类地区住宿费标准为280美元/人/天，伙食费55美元/人/天，公杂费45美元/人/天，医疗保险费为200美元/人，国外城市间交通费为600美元/人，资料费为20美元/人，境外电话费为10美元/人，公务机票已通过政府采购公司预订，机票款为8 000元/人（经济舱）。假设出国前办理财务手续当天汇率为1:6.5，伙食、公杂费实行包干。另外银行存款支付签证费800元。

计算办理公务机票借款和非贸易非经营性用汇借款：

公务机票款＝8 000元×3人＝24 000（元）

住宿费＝280美元×3人×4天×6.5＝22 120（元）

伙食费、公杂费包干 = （55 +45） ×5 天 ×3 人 ×6.5 =9 750（元）

城市间交通费 =600 美元 ×3 人 ×6.5 =11 700（元）

以上费用银行存款支付。

（资料费、电话费属于公杂费范畴，公杂费已包干，不另外计算。）

经济业务	财务会计账务处理	预算会计账务处理
办理公务机票借款和非贸易非经营性用汇借款	借：其他应收款——D 教师 67 570 贷：银行存款 67 570	不作处理
回国报销	借：单位管理费用——行政管理费用——商品和服务费用 68 370 贷：其他应收款——D 教师 67 570 银行存款 800	借：事业支出——行政管理支出——商品和服务支出 68 370 贷：资金结存——货币资金 68 370

案例 7 -10：出国进修（本部分内容属于人才培养，并非行政管理费用有关内容。为了便于和因公临时出国出境内容的比较，在此举例说明）。

江东大学某教师申请省教育厅青年骨干老师境外研修一年期项目资助成功，资助经费为 140 000 元每年，资助时长为 1 年，进修地点为美国一类地区某高校。假设该教师出国出境手续已按规定办结，有关资料已齐备。按当地非经营性非贸易性用汇有关规定，应由用汇单位用银行存款汇款到当地指定中国银行账户后，由用汇人持有关资料到指定的中国银行办理换汇。公务机票已在当地财政部门政府采购单位询价完毕，用银行存款支付票价为 6 000 元。一年后该教师进修结束回国，公务机票款为 7 000 元，已用银行存款支付机票款，且已办结回国后的校内各类手续。

经济业务	财务会计账务处理	预算会计账务处理
办理公务机票借款和非贸易非经营性用汇借款	借：其他应收款——E 教师 140 000 其他应收款——E 教师 6 000 贷：银行存款 146 000	不作处理
回国报销	借：业务活动费用——教育费用——商品和服务费用——培训费 153 000 贷：其他应收款——E 教师 146 000 银行存款 7 000	借：事业支出——教育支出——商品和服务支出 153 000 贷：资金结存——货币资金 153 000

第四节　会议费、培训费

一、概述

会议费、培训费俗称“两费”，指利用财政拨款安排的由本单位主办的各类会议和培训支出，和“三公”经费一样受到社会各界的广泛关注。近年来“两费”也逐渐成为各类审计、检查、巡视必查内容，各地方财政部门结合当地实际情况，也制定了相应的会议费、培训费标准。高校的“两费”支出一般实行事前审批、定额控制、事后决算的经费管理模式。

二、账务处理

单位发生会议费、培训费，财务会计借记“单位管理费用——行政管理费用——商品和服务费用——会议费、培训费”，贷记“财政拨款收入”“零余额账户用款额度”“银行存款”等科目；预算会计借记“事业支出——行政管理支出——商品和服务支出”，贷记“财政拨款预算收入”“资金结存”等科目。

（一）会议费

指高校各部门主办召开的教学、科研等学术类会议等以及管理、文件传达、工作布置的各类会议。会议经费一般实行会前审批、会中综合定额控制、会后经费决算的经费管理模式。高校举办的行政类会议一般不收取会务费，故本部分内容只涉及会议费支出有关内容。

案例 7－11： 江东大学校长办公室组织学校校友会召开第三届校友大会，来宾 200 人，会期 2 天，发生会场租赁费 15 000 元，材料印刷费 5 000 元，交通费 20 000 元，伙食费 18 000元，医药费 2 000 元，住宿费由参会代表自行支付。假设会议地点符合要求，会议支出符合地方会议费支出标准。以上款项用财政授权支付方式支付。

经济业务	财务会计账务处理	预算会计账务处理
报销会议费支出	借：单位管理费用——行政管理费用——商品和服务费用——会议费 60 000 贷：零余额账户用款额度 60 000	借：事业支出——行政管理支出——商品和服务支出 60 000 贷：资金结存——零余额账户用款额度 60 000

（二）培训费

指学校主办举行的行政事务类培训以及学术类培训支出，均为非学历培训。培训经费实行训前审批、训中综合定额控制、训后经费决算的经费管理模式。高校举办的行政类培训，一般不收取培训费用，故本部分内容只涉及培训费支出有关内容。学术类培训可按规定收取培训费，具体内容详见本书第六章“社会培训服务”。

案例 7－12： 江东大学为某省属高校。该校组织部门 2×18 年暑期组织单位中层干部 150 人在校内报告厅集中学习 3 天，支出师资薪酬 10 000 元（税前），材料印刷费 5 000 元，伙食费 15 000 元，会议音响租赁费 10 000 元，会议交通费 2 000 元。假设各项支出均符合当地培训费规定。以上款项用财政授权支付方式支付。

经济业务	财务会计账务处理	预算会计账务处理
报销培训费支出	借：单位管理费用——行政管理费用——商品和服务费用——培训费 42 000 贷：其他应交税费——个人所得税 1 600 零余额账户用款额度——F 教师 8 400 零余额账户用款额度——餐饮公司 15 000 零余额账户用款额度——印刷公司 5 000 零余额账户用款额度——音响租赁公司 10 000 零余额账户用款额度——租车公司 2 000	（根据实际支付金额） 借：事业支出——行政管理支出——商品和服务支出 40 400 贷：资金结存——零余额账户用款额度 40 400

第八章

税费业务

本章内容简介：

高校应缴税费是指按照国家税法等有关规定应当缴纳的各种税费，包括增值税、城市维护建设税，教育费附加、房产税、车船税、城镇土地使用税等。

第一节　增值税一般纳税人

一、概述

高校年应税额超过财政部、国家税务总局规定的小规模纳税人标准的，可向所在地县级以上主管税务机关申请一般纳税人资格认定，认定为增值税一般纳税人。

二、账务处理

（一）购入资产或接受劳务

1. 购入应税资产或服务。采购等业务进项税额允许抵扣，财务会计借记“业务活动费用——教育费用——商品和服务费用”“库存物品”“固定资产”等科目，借记“应交增值税——应交税金——进项税额”“应交增值税——待认证进项税额——当月未认证可抵扣”，贷记“银行存款”等科目；预算会计借记“事业支出——教育支出——商品和服务支出”“经营支出”等科目，贷记“资金结存”等科目。

采购等业务进项税额不允许抵扣，财务会计借记“应交增值税——应交税金——进项税额”，贷记“应交增值税——待认证进项税额”，同时借记“业务活动费用——教育费用——商品服务费用”“库存物品”“固定资产”等科目，贷记“应交增值税——应交税金——进项税额转出”；预算会计不作处理。

采购完成发生非正常损失或改变用途，财务会计借记“待处理财产损益”“固定资产”“无形资产”等科目，贷记“应交增值税——应交税金——进项税额转出”，同时借记“应交增值税——待认证进项税额”，贷记“应交增值税——待抵扣进项税额”；预算会计不作处理。

原不得抵扣的资产改变用途后允许抵扣，财务会计借记“应交增值税——应交税金——进项税额——可抵扣进项税额”，贷记“固定资产”“无形资产”；预算会计不作处理。

尚未抵扣的进项税额以后期间发生抵扣，财务会计借记“应交增值税——应交税金——进项税额”，贷记“应交增值税——待抵扣进项税额”；预算会计不作处理。

购进应税不动产或在建工程，财务会计借记“固定资产”“在建工程”等科目，借记“应交增值税——应交税金——进项税额——当期可抵扣”“应交增值税——待抵扣进项税额——以后期间可抵扣”，贷记“银行存款”“零余额用款额度”等科目；预算会计借记“事业支出——教育支出——商品和服务支出”“经营支出”等科目，贷记“资金结存”等科目。

已计入进项税额的货物转用于不动产在建工程，财务会计借记“应交增值税——待抵扣进项税额”，贷记“应交增值税——应交税金——销项税额”；预算会计不作处理。

2. 购买方作为扣缴义务人。购进资产和服务，财务会计借记“业务活动费用——教育费用——商品和服务费用”“库存物品”“固定资产”等科目，借记“应交增值税——应交税金——进项税额——当期可抵扣”，贷记“银行存款”“应交增值税——代扣代交增值税”；预算会计借记“事业支出——教育支出——商品和服务支出”“经营支出”等科目，贷记“资金结存”等科目。

实际缴纳代扣代缴增值税，财务会计借记“应交增值税——代扣代交增值税”，贷记“银行存款”等科目；预算会计借记“事业支出——教育支出——商品和服务支出”“经营支出”等科目，贷记“资金结存”等科目。

（二）销售应税产品或提供应税服务

1. 销售应税产品或提供应税服务，财务会计借记“银行存款”等科目，贷记“事业收入——科研事业收入”“经营收入”等科目，贷记“应交增值税——应交税金——销项税额（应交增值税——简易计税）”；预算会计借记“资金结存”，贷记“事业预算收入——科研事业预算收入”“经营预算收入”等科目。

2. 金融产品转入

产生收益，财务会计借记“投资收益”，贷记“应交增值税——转让金融商品应交增值税”；预算会计不作处理。

产生损失，财务会计借记“应交增值税——转让金融商品应交增值税”，贷记“投资收益”；预算会计不作处理。

交纳增值税款，财务会计借记“应交增值税——转让金融商品应交增值税”，贷记“银行存款”等科目；预算会计借记“投资预算收益”等科目，贷记“资金结存”等科目。

年末处理，财务会计借记“投资收益”，贷记“应交增值税——转让金融商品应交增值税”；预算会计不作处理。

（三）月末转出多交和未交税款

1. 月末转出本月未交增值税。财务会计借记“应交增值税——应交税金——转出未交增值税”，贷记“应交增值税——未交税金”；预算会计不作处理。

2. 月末转出本月多交增值税。财务会计借记“应交增值税——未交税金”，贷记“应交增值税——应交税金——转出多交增值税”；预算会计不作处理。

（四）缴纳增值税

1. 缴纳本月增值税。财务会计处理借记“应交增值税——应交税金——已交税金”，贷记“银行存款”等科目；预算会计借记“事业支出”“经营支出”等科目，贷记“资金结存”等科目。

2. 缴纳以前期间未交增值税。财务会计借记“应交增值税——未交税金”，贷记“银行存款”等；预算会计借记“事业支出——教育支出——商品和服务支出”“经营支出”等，贷记“资金结存”等科目。

3. 预缴增值税。预缴增值税款，财务会计借记“应交增值税——预交税金”，贷记“银行存款”等；月末借记“应交增值税——未交税金”，贷记“应交增值税——预交税金”；预算会计借记“事业支出——教育支出——商品和服务支出”“经营支出”等，贷记“资金结存”等科目。

4. 当期直接减免的增值税。财务会计借记“应交增值税——应交税金——减免税款”，贷记“业务活动费用——教育费用——商品服务费用”“经营费用”等；预算会计不作处理。

案例 8-1：（一般计税）江东大学 2×19 年 6 月以财政授权支付方式购进材料一批，取得增值税专用发票，价款 15 000 元，进项税 2 400 元。6 月，增值税发票做认证处理，其中因用于职工福利 5 000 元不能抵扣。

经济业务	财务会计账务处理	预算会计账务处理
5 月购入材料一批	借：库存物品——其他库存材料 15 000 应交增值税——待认证进项税额 2 400 贷：零余额账户用款额度——财政授权支付 17 400	借：事业支出——教育支出——商品和服务支出 17 400 贷：资金结存——零余额账户用款额度 17 400
6 月增值税发票做认证处理，其中用于职工福利 5 000 元材料经税务机关认证不能抵扣	借：应交增值税——应交税金——进项税额 2 400 贷：应交增值税——待认证进行税额 2 400 借：业务活动费用——教育费用——商品和服务费用 800 贷：应交增值税——应交税金——进项税额转出 800	不作处理

案例 8-2：接上例，江东大学 2×19 年 6 月以银行存款购入人才公寓一套。取得增值税专用发票，价款 3 000 000 元，进项税 300 000 元，本月增值税发票做认证处理。根据相关规定，取得的不动产增值税进项税额分两年从销项税额中抵扣，第一年抵扣比例为 60%，第二年抵扣比例为 40%。

经济业务	财务会计账务处理	预算会计账务处理
6月购入人才公寓一套，当月60%的进项税额可抵扣	借：固定资产——房屋及构筑物 3 000 000 应交增值税——应交税金——进项税额 180 000 应交增值税——待抵扣进项税额 120 000 贷：银行存款 3 300 000	借：事业支出——后勤保障支出——其他资本性支出 3 300 000 贷：资金结存——货币资金 3 300 000
2×20年6月剩余40%进项税额可抵扣	借：应交增值税——应交税金——进项税额 120 000 贷：应交增值税——待抵扣进项税额 120 000	不作处理

案例8－3：接上例。江东大学有部分5月购进的库存材料因保管不善造成毁损（进项税额已认证未抵扣），价值5 000元。

经济业务	财务会计账务处理	预算会计账务处理
部分材料保管不善毁损5 000元	借：待处理财产损溢——待处理财产价值 5 800 贷：库存物品——其他库存材料 5 000 应交增值税——待认证进项税额 800	不作处理

案例8－4：接上例，江东大学2×19年6月为某单位提供技术服务，取得科研服务收入20 000元，学校开具增值税专用发票，税率为3%。

经济业务	财务会计账务处理	预算会计账务处理
6月提供技术服务取得收入20 000元	借：银行存款 20 000 贷：应交增值税——应交税金——销项税额 582 事业收入——科研事业收入 19 418	借：资金结存——货币资金 20 000 贷：事业预算收入——科研事业预算收入 20 000

案例8－5：接上例，6月末，江东大学转出应交未交增值税5 000元，缴纳5月未交增值税6 000元。

经济业务	财务会计账务处理	预算会计账务处理
转出6月未交增值税5 000元	借：应交增值税——应交税金——转出未交增值税 5 000 贷：应交税金——未交税金 5 000	不作处理
缴纳5月未交增值税共计6 000元	借：应交增值税——未交税金 6 000 贷：银行存款 6 000	借：事业支出——行政管理支出——商品和服务支出 6 000 贷：资金结存——货币资金 6 000

案例 8－6：（简易计税）江东大学 2×19 年 6 月场地租赁取得租金收入 10 000 元。开具增值税专用发票，税率为 5%。

经济业务	财务会计账务处理	预算会计账务处理
取得场地租赁收入 10 000 元	借：银行存款　10 000 　贷：租金收入——场地出租收入　9 524 　　应交增值税——简易计税　476	借：资金结存——货币资金　10 000 　贷：其他预算收入——租金预算收入　10 000

第二节　增值税小规模纳税人

一、概述

小规模纳税人是指年销售额在规定标准以下，会计核算不健全，不能按规定报送有关税务资料的增值纳税人。会计核算不健全是指不能正确核算增值税的销项税额、进项税额和应纳税额。高校可根据学校自身特点申请认定为增值税小规模纳税人。

二、账务处理

（一）购入应税资产或服务

财务会计借记“业务活动费用——教育费用——商品和服务费用”“在途物资”等科目，贷记“银行存款”等科目；预算会计借记“事业支出——教育支出——商品和服务支出”“经营支出”等科目，贷记“资金结存”等科目。

（二）购进资产或服务时作为扣缴义务人

财务会计借记“业务活动费用——教育费用——商品和服务费用”“在途物资”等科目，贷记“银行存款”等科目，贷记“应交增值税——代扣代交增值税”；预算会计借记“事业支出——教育支出——商品和服务支出”“经营支出”等科目，贷记“资金结存”等科目。

（三）销售应税资产或服务

1. 销售资产或提供服务。财务会计借记“银行存款”等科目，贷记“事业收入——科研事业收入”“经营收入”“应交增值税”；预算会计借记“资金结存”等科目，贷记“事业预算收入——科研事业预算收入”“经营预算收入”等科目。

2. 金融商品转让。产生收益，财务会计借记“投资收益”，贷记“应交增值税——转让金融商品应交增值税”；预算会计不作处理。

产生转让损失，财务会计借记“应交增值税——转让金融商品应交增值税”，贷记“投资收益”；预算会计不作处理。

交纳增值税款，财务会计借记“应交增值税——转让金融商品应交增值税”，贷记“银行存款”等科目；预算会计借记“投资预算收益”等，贷记“资金结存”等科目。

（四）缴纳增值税

财务会计借记“应交增值税”，贷记“银行存款”等科目；预算会计借记“事业支出——教育支出——商品和服务支出”“经营支出”等科目，贷记“资金结存”等科目。

（五）减免增值税

财务会计借记“应交增值税”，贷记“业务活动费用——教育费用——商品和服务费用”“经营费用”等；预算会计不作处理。

案例8-7：江东大学被税务机关认定为增值税小规模纳税人，增值税税率为3%。2×19年4月2日，江东大学购入电脑两台，价税合计10 000元。4月5日，江东大学1人参加国家会计学院财务人员培训，支付培训费并取得增值税专用发票一张，价税合计5 000元。4月8日，江东大学材料学院张教授与甲公司签订科研项目研发合同，合同金额200 000元。双方约定合同签订一周内甲公司支付合同全款，江东大学同时开具增值税专用发票。4月12日，江东大学收到甲公司汇入的科研项目款200 000元，张教授当日前往财务部门和科研部门办理了开票和项目立项手续。4月27日，江东大学材料学院从W公司采购进口耗材一批，价值20 000元。W公司在我国境内无经营机构，江东大学作为扣缴义务人应代扣代缴增值税582.52元。5月9日，江东大学财务部门按照小规模纳税人申报缴纳了4月增值税款。

经济业务	财务会计账务处理	预算会计账务处理
4月2日购入电脑两台	借：固定资产——通用设备 10 000 贷：银行存款 10 000	借：事业支出——行政管理支出——其他资本性支出 10 000 贷：资金结存——货币资金 10 000
4月5日支付培训费用	借：单位管理费用——行政管理费用——商品和服务费用 5 000 贷：银行存款 5 000	借：事业支出——行政管理支出——商品和服务支出 5 000 贷：资金结存——货币资金 5 000
4月12日收到甲公司汇入合同款和科研部门提供的科研项目立项收入	借：银行存款 200 000 贷：事业收入——科研事业收入 194 174.76 应交增值税——代扣代交增值税 5 825.24	借：资金结存——货币资金 200 000 贷：事业预算收入——科研预算事业收入 200 000
4月27日支付材料款	借：在途物品——实验耗材及元器件 20 000 贷：银行存款 19 417.48 应交增值税——代扣代交增值税 582.52	借：事业支出——教育支出——商品和服务支出 19 417.48 贷：资金结存——货币资金 19 417.48

续表

经济业务	财务会计账务处理	预算会计账务处理
5月9日申报缴纳上月增值税	借：应交增值税——代扣代交增值税　6 407.77 　贷：银行存款　6 407.77	借：事业支出——行政管理支出——商品和服务支出　6 407.77 　贷：资金结存——货币资金　6 407.77

第三节　其他税费

一、概述

高校现有应交税费除个人所得税以外，实际工作中需交纳的税种还有（以某地方税收政策为例）：增值税（目前高校均采用简易征收法，税率为3%或5%）、城市维护建设税（增值税额的7%）、教育费附加税（增值税额的3%）、地方教育附加税（增值税额的2%）、房产税（固定资产租金的12%）、土地增值税（按出租固定资产所在区域级别标准÷平方米×面积）、印花税（按照合同金额的0.03%）、企业所得税（零申报）。

二、账务处理

计提其他税费，财务会计按照计算确定应纳其他税费的金额，借记“单位管理费用——行政管理费用——商品和服务费用”，贷记“其他应交税费”相关明细科目；预算会计不作账务处理；

实际缴纳有关税费，财务会计借记“其他应交税费”，贷记“零余额账户用款额度”等科目；预算会计借记“事业支出——行政管理支出——商品和服务支出”，贷记“资金结存”等科目。

案例8－8：江东大学财务部门经统计有关资料如下：12月当月应交增值税额为60 000元，校内房屋出租收入200 000元，共计40 000平方米。校区所在地属市内三类地区，土地增值税计税标准为5元/平方米。当月合同签订金额为30 000 000元。次月用财政授权支付方式支付本月应缴全部税费（其他税费的计税依据根据各地税务部门规定执行）。

该高校计提12月应交各类税费如下：

应交增值税＝60 000元

应交城建税＝60 000×0.07＝4 200（元）

应交教育费附加税＝60 000×0.03＝1 800（元）

应交地方教育附加税＝60 000×0.02＝1 200（元）

应交房产税＝200 000×0.12＝24 000（元）

应交土地增值税＝5×40 000＝200 000（元）

应交印花税＝30 000 000×0.03%＝9 000（元）

应交企业所得税＝0

经济业务	财务会计账务处理	预算会计账务处理
计提各项税费	借：单位管理费用——行政管理费用——商品和服务费用——各类税费 300 200 贷：应交增值税——简易征收方式 60 000 其他应交税费——应交城建税 4 200 其他应交税费——应交教育费附加税 1 800 其他应交税费——应交教育费附加税 1 200 其他应交税费——应交房产税 24 000 其他应交税费——应交土地增值税 200 000 零余额账户用款额度 9 000	不作处理
实际缴纳上述税款	借：应交增值税——简易征收方式 60 000 其他应交税费——应交城建税 4 200 其他应交税费——应交教育费附加税 1 800 其他应交税费——应交教育费附加税 1 200 其他应交税费——应交房产税 24 000 其他应交税费——应交土地增值税 200 000 贷：零余额账户用款额度——财政授权支付 291 200	借：事业支出——行政管理支出——商品和服务支出 300 200 贷：资金结存 300 200

注意事项：印花税直接计入当期费用，不通过“其他应交税费”科目核算。

第九章

资产管理

本章内容简介：

本章主要介绍政府会计制度下高校对非货币形态资产的核算，包括存货、固定资产和无形资产三大块内容。

第一节至第二节介绍存货。存货指低值易耗品，包括教学实验、科学研究、劳动生产、基本建设和后勤服务等方面的不属于固定资产的物资。本部分主要从存货取得、存货处置等方面进行阐述。

第三节至第五节介绍固定资产。高等学校的固定资产是国有资产的重要组成部分，是保证学校履行职责、全校师生员工学习、生活的重要物质条件。本部分主要从固定资产取得、固定资产使用与固定资产处置等方面进行阐述。

第六节至第八节介绍无形资产。学校无形资产是指学校所拥有的、不具有实物形态、能够为学校提供某种权利并创造价值的资产。主要包括专利权、商标权、著作权、专有技术（非专利技术）、土地使用权、商誉、特许经营权和其他。本部分主要从无形资产取得、无形资产使用和无形资产处置等方面进行阐述。

第一节　存货的取得

一、概述

存货是指高校在开展业务活动及其他活动中为耗用或出售而储存的资产，如材料、产品、包装物和低值易耗品等，以及未达到固定资产标准的用具、装具、动植物等。

存货同时满足下列条件的，应当予以确认：与该存货相关的服务潜力很可能实现或者经济利益很可能流入高校；该存货的成本或者价值能够可靠地计量。

存货的取得方式包括：购买、自制、委托加工、置换换入、接受捐赠、无偿调入和盘盈等方式。

二、账务处理

（一）外购存货

发生外购存货，财务会计借记“库存物品”科目，贷记“财政拨款收入”“零余额账户用款额度”“银行存款”“应付账款”“在途物品”等科目（涉及增值税业务的，相关账务处理参见“第八章税费业务”）；预算会计借记“事业支出”，贷记“财政拨款预算收入”“资金结存——货币资金”等科目。

案例 9－1：江东大学因日常业务需要，2×19 年 2 月 1 日用当年预算内指标，通过财政直接支付的方式购入原材料一批，价值 2 万元。

经济业务	财务会计账务处理	预算会计账务处理
购入库存物品	借：库存物品 20 000 贷：财政拨款收入——一般公共预算财政拨款 20 000	借：事业支出——教育支出——商品和服务支出 20 000 贷：财政拨款预算收入——基本支出——日常公用经费 20 000

（二）自制存货

发生自制存货，财务会计借记“库存物品”科目，贷记“应付职工薪酬”“银行存款”等科目；预算会计借记“事业支出”，贷记“财政拨款预算收入”“资金结存——货币资金”等科目。

案例 9－2：江东大学因日常业务需要 2×19 年 2 月加工存货甲一批，领用原材料 B1. 5 万元，应支付加工工人工资 3 万元，机器折旧 1 万元。月底支付了工人工资 3 万元，假设加工工人均为临时外聘人员，存货甲加工完成并验收入库。

经济业务	财务会计账务处理	预算会计账务处理
加工物品消耗原材料、人力等	借：加工物品——甲 55 000 贷：库存物品——原材料 B 15 000 应付职工薪酬 30 000 固定资产累计折旧 10 000	不作处理
支付工人工资	借：应付职工薪酬 30 000 贷：银行存款 30 000	借：事业支出——教育支出——商品和服务支出 30 000 贷：资金结存——银行存款 30 000
加工物品完工转库存物品	借：库存物品——甲 55 000 贷：加工物品——甲 55 000	不作处理

（三）委托外单位加工存货

委托外单位加工存货，财务会计借记“加工物品”“库存物品”等科目，贷记“财政拨款收入”“银行存款”等科目；预算会计借记“事业支出”“经营支出”等科目，贷记“财政拨款预算收入”“资金结存——货币资金”等科目。

案例 9－3：江东大学 2×19 年 3 月因经营业务需要委托三星公司生产物品甲一批，使用去年预算结余指标财政直接支付方式支付加工费用 4 万元，3 月底委托加工物品甲完工并验收入库。

经济业务	财务会计账务处理	预算会计账务处理
支付委托加工费用	借：加工物品——委托加工物品 40 000 贷：财政应返还额度——直接支付 40 000	借：经营支出——商品和服务支出——资产购置支出 40 000 贷：资金结存——财政应返还额度 40 000
委托加工物品完工转库存物品	借：库存物品——甲 40 000 贷：加工物品——委托加工物品 40 000	不作处理

（四）置换换入存货

置换换入存货，财务会计借记“库存物品”“固定资产累计折旧”“无形资产累计摊销”“资产处置费用”“银行存款”等科目，贷记“库存物品”“固定资产”“无形资产”“银行存款”“其他收入”“应缴财政款”等科目；预算会计借记“其他支出”，贷记“财政拨款预算收入”“资金结存——货币资金”等科目。

1. 置换换入存货不涉及补价

案例9-4：江东大学2×19年4月用已有的一台设备换取三星公司的存货A一批，设备的原值为2万元，已计提折旧5 000元，该批存货的市场评估价为1.7万元，另外用银行存款支付相关税费500元，该批存货已验收入库。

经济业务	财务会计账务处理	预算会计账务处理
用已用存货、固定资产或者无形资产换取对方存货，无收取或支付差价的	借：库存物品——A 17 500 固定资产累计折旧 5 000 贷：固定资产 20 000 银行存款 500 其他收入——资产置换收入 2 000	借：其他支出——资产置换支出 500 贷：资金结存——货币资金 500

2. 置换换入存货涉及支付补价

案例9-5：江东大学2×19年4月用已有的一台设备换取三星公司的存货A一批，设备的原值为2万元，已计提折旧5 000元，该资产的市场评估价为1.4万元，另外用银行存款支付相关税费500元，支付差价1 000元，该批存货已验收入库。

经济业务	财务会计账务处理	预算会计账务处理
用已用存货、固定资产或者无形资产换取对方存货，支付部分差价的	借：库存物品——A 15 500 固定资产累计折旧 5 000 资产处置费用 1 000 贷：固定资产 20 000 银行存款 1 500	借：其他支出——资产置换支出 1 500 贷：资金结存——货币资金 1 500

3. 置换换入存货涉及收到补价

案例9-6：江东大学2×19年4月用已有的一台设备换取三星公司的存货A一批，设备的原值为2万元，已计提折旧5 000元，该资产的市场评估价为1.4万元，另外用银行存款支付相关税费500元，收到对方银行存款支付的差价600元，该批存货已验收入库。

经济业务	财务会计账务处理	预算会计账务处理
用已用存货、固定资产或者无形资产换取对方存货（需支付部分差价）	借：库存物品——A 13 900 银行存款 600 固定资产累计折旧 5 000 资产处置费用 1 100 贷：固定资产 20 000 银行存款 500 应缴财政款 100	不作处理

（五）接受捐赠

接受捐赠存货，财务会计借记“库存物品”“其他费用”等科目，贷记“银行存款”“捐赠收入”等科目；预算会计借记“其他支出”，贷记“财政拨款预算收入”“资金结存——货币资金”等科目。

1. 接受捐赠存货，有发票等价值参考资料，存货按照实际价值入账

案例 9－7：江东大学 2×19 年 5 月 10 日接收三星公司捐赠的存货物品甲一批，从原始发票单据上可知该批物品价值 55 万元，捐赠过程中用银行存款支付相关税费 2 万元，该批存货已验收入库。

经济业务	财务会计账务处理	预算会计账务处理
高校获赠存货一批，取得对方购买存货时的发票等证明存货价值的资料	借：库存物品——甲 570 000 贷：银行存款 20 000 捐赠收入 550 000	借：其他支出——接受捐赠支出 20 000 贷：资金结存——货币资金 20 000

2. 接受捐赠存货，无法确定价值，按照名义金额入账

案例 9－8：江东大学 2×19 年 5 月 10 日接收三星公司捐赠的存货物品甲一批，无法确定该批物品的价值，以名义金额入账，捐赠过程中用银行存款支付相关税费和运输费 3 000 元，该批存货已验收入库。

经济业务	财务会计账务处理	预算会计账务处理
高校获赠存货一批并已验收入库	借：库存物品——甲 1 贷：捐赠收入 1 借：其他费用 3 000 贷：银行存款 3 000	借：其他支出——接受捐赠支出 3 000 贷：资金结存——货币资金 3 000

（六）无偿调入的存货

无偿调入存货，财务会计借记“库存物品”“其他费用”等科目，贷记“银行存款”“无偿调拨净资产”等科目；预算会计借记“其他支出”，贷记“财政拨款预算收入”“资金结存——货币资金”等科目。

1. 无偿调入存货，有发票等价值参考资料，存货按照实际价值入账

案例9-9：江东大学2×19年6月3日，接收当地政府无偿调入的存货甲一批，从原始发票单据上可知该批存货账面价值100万元，用银行存款支付相关手续费5万元，该批存货已验收入库。

经济业务	财务会计账务处理	预算会计账务处理
高校接收无偿调入的存货一批，并取得发票等价值参考资料的	借：库存物品——甲　1 050 000 　贷：银行存款　50 000 　　无偿调拨净资产　1 000 000	借：其他支出——资产调入支出　50 000 　贷：资金结存——货币资金　50 000

2. 无偿调入存货，价值无法确定，按照名义金额入账

案例9-10：江东大学2×19年6月3日接收当地政府无偿调入的存货甲一批，从现有的信息无法确认该批存货的价值，确定按照名义金额入账，用银行存款支付相关手续费5万元，该批存货已验收入库。

经济业务	财务会计账务处理	预算会计账务处理
高校接收无偿调入的存货一批，存货价值无法确定的	借：库存物品——甲　1 　贷：无偿调拨净资产　1 借：其他费用　50 000 　贷：银行存款　50 000	借：其他支出——资产调入支出　50 000 　贷：资金结存——货币资金　50 000

（七）盘盈存货

发生存货盘盈，财务会计借记“库存物品”等科目，贷记“待处理财产损溢”等科目；预算会计不作账务处理。

案例9-11：江东大学在2×19年3月存货盘点时，盘盈库存物品甲一批，价值2万元，经批准作为冲减单位管理费用。

经济业务	财务会计账务处理	预算会计账务处理
存货盘点时，盘盈存货一批，按规定报经批准后处理	借：库存物品——甲　20 000 　贷：待处理财产损溢　20 000 借：待处理财产损溢　20 000 　贷：单位管理费用　20 000	不作处理

注意事项：

1. 下列各项应当在发生时确认为当期费用，不计入存货成本：①非正常消耗的直接材料、直接人工和间接费用；②仓储费用（不包括在加工过程中为达到下一个加工阶段所必需的费用）；③不能归属于使存货达到目前场所和状态所发生的其他支出。

2. 已完成的测绘、地质勘察、设计成果等的成本也通过存货进行核算。

3. 单位随买随用的零星办公用品，可以在购进时直接列作费用，不通过存货进行

核算。

4. 单位受托存储保管的物资和受托转赠的物资，应当通过“受托代理资产”进行核算，不通过存货进行核算。

5. 单位为在建工程购买和使用的材料物资，应当通过“工程物资”科目核算，不通过存货进行核算。

6. 盘盈的库存物品，其成本按照有关凭据注明的金额确定；没有相关凭据，但按照规定经过资产评估的，其成本按照评估价值确定；没有相关凭据、也未经过评估的，其成本按照重置成本确定。如无法采用上述方法确定盘盈的库存物品成本的，按照名义金额入账。

第二节 存货的处置

一、概述

存货的处置，主要指存货的发出领用、对外捐赠、置换换出、盘亏或者毁损、报废存货等核算业务。

二、账务处理

（一）开展业务活动、按照规定出售或加工物品等领用、发出存货

开展业务活动、按照规定出售或加工物品等领用、发出存货，财务会计借记“业务活动费用”“经营费用”等科目，贷记“库存物品”科目；预算会计不作处理。

案例9-12：江东大学2×19年5月8日因经营活动需要，领用存货A一批，按照先进先出发确定该批存货价值35万元。

经济业务	财务会计账务处理	预算会计账务处理
开展业务活动、按照规定自主出售或加工物品等领用、发出存货	借：经营费用——商品和服务费用 35 000 贷：库存物品——A 35 000	不作处理

（二）经批准对外捐赠存货

对外捐赠存货，财务会计借记“资产处置费用”科目，贷记“库存物品”“银行存款”等科目；预算会计借记“其他支出”科目，贷记“财政拨款预算收入”“资金结存——货币资金”等科目。

案例9-13：江东大学2×19年5月9日经相关领导批准后，向希望小学捐出存货A一批，按照先进先出发确定该批存货价值35万元，捐赠过程中用银行存款支付相关费用

8 000 元。

经济业务	财务会计账务处理	预算会计账务处理
经批准对外捐赠存货	借：资产处置费用——库存物品处置 358 000 贷：库存物品——A 350 000 银行存款 8 000	借：其他支出——对外捐赠支出 8 000 贷：资金结存——货币资金 8 000

（三）经批准无偿调出存货

无偿调出存货，财务会计借记“无偿调拨净资产”“资产处置费用”等科目，贷记“库存物品”“银行存款”等科目；预算会计借记“其他支出”科目，贷记“财政拨款预算收入”“资金结存——货币资金”等科目。

案例 9-14：江东大学 2×19 年 5 月 10 日，经相关领导批准后，向下属的独立民办学院无偿调出存货 A 一批，按照先进先出发确定该批存货价值 60 万元，调出过程中用银行存款支付相关费用 8 000 元。

经济业务	财务会计账务处理	预算会计账务处理
经批准无偿调出存货	借：无偿调拨净资产 600 000 贷：库存物品——A 600 000 借：资产处置费用——库存物品处置 8 000 贷：银行存款 8 000	借：其他支出——资产调出支出 8 000 贷：资金结存——货币资金 8 000

（四）经批准对外出售存货

对外出售存货，财务会计借记“资产处置费用”“银行存款”科目，贷记“库存物品”“应缴财政款”等科目；预算会计不做账务处理。

案例 9-15：江东大学 2×19 年 5 月 12 日，经相关领导批准后，对外出售库存物品甲一批，该批库存物品的账面余额为 10 万元，收到对方单位用银行存款转来的货款 11 万元，用银行存款支付相关税费 8 000 元，存货已发出。

经济业务	财务会计账务处理	预算会计账务处理
经批准对外出售存货	借：资产处置费用——库存物品处置 100 000 贷：库存物品——甲 100 000 借：银行存款 110 000 贷：应缴财政款 110 000 借：应缴财政款 8 000 贷：银行存款 8 000	不作处理

（五）置换换出存货

置换换出存货，财务会计借记“库存物品”“固定资产”“无形资产”“银行存款”

“资产处置费用”等科目，贷记“库存物品”“银行存款”“应财政款”“其他收入”等科目；预算会计借记“其他支出”科目，贷记“财政拨款预算收入”“资金结存——货币资金”等科目。

1. 置换换出存货不涉及补价

案例9-16：江东大学2×19年5月用一批存货A换取三星公司设备一台，设备不需要安装，该批存货的市场评估价为1.5万元，账面余额为1.4万元，另外用银行存款支付相关税费600元，固定资产已运抵公司并达到可使用状态。

经济业务	财务会计账务处理	预算会计账务处理
用已有的存货换取对方固定资产，无收取或支付差价	借：固定资产 15 600 贷：库存物品——A 14 000 银行存款 600 其他收入——资产置换收入 1 000	借：其他支出——资产置换支出 600 贷：资金结存——货币资金 600

2. 置换换出存货涉及支付补价

案例9-17：江东大学2×19年5月用已有一批存货A换取三星公司设备一台，设备不需要安装，该批存货的市场评估价为1.5万元，账面余额为1.4万元，另外用银行存款支付相关税费600元，用银行存款支付对方差价500元，固定资产已运抵公司并达到可使用状态。

经济业务	财务会计账务处理	预算会计账务处理
用已有的存货换取对方存货、固定资产或者无形资产（需支付部分差价）	借：固定资产 16 100 贷：库存物品——A 14 000 银行存款 1 100 其他收入——资产置换收入 1 000	借：其他支出——资产置换支出 1 100 贷：资金结存——货币资金 1 100

3. 置换换出存货涉及收到补价

案例9-18：江东大学2×19年5月用已有一批存货A换取三星公司设备一台，设备不需要安装，该批存货的市场评估价为1.5万元，账面余额为1.4万元，另外用银行存款支付相关税费600元。同时，收到用对方单位用银行存款支付差价700元，固定资产已运抵公司并达到可使用状态。

经济业务	财务会计账务处理	预算会计账务处理
用已有的存换取对方存货、固定资产或者无形资产，并收到补价	借：固定资产 14 900 银行存款 700 贷：库存物品 14 000 银行存款 600 应缴财政款 100 其他收入——资产置换收入 900	不作处理

（六）盘亏或者毁损、报废存货

盘亏或者毁损、报废存货，财务会计借记“待处理财产损溢”等科目，贷记“库存物品”等科目；预算会计不作账务处理。

案例9－19：江东大学为增值税一般纳税人，2×19年4月进行存货盘点，盘亏库存物品甲一批，该批物品是购进的非自用材料，价值1万元，涉及增值税1 700元。经查明原因是本校仓库保管员许某的管理过失造成，许某承担全部损失。

经济业务	财务会计账务处理	预算会计账务处理
高校在存货盘点时，盘亏存货一批	借：待处理财产损溢　11 700 　贷：库存物品　10 000 　　应交增值税——应交税金（进项税额转出）　1 700	不作处理
查明原因后经批准	借：其他应收款——许某　11 700 　贷：待处理财产损溢　11 700	不作处理

注意事项：

1．高校应当根据实际情况采用先进先出法、加权平均法或者个别计价法确定发出存货的实际成本，对于性质和用途相似的存货，应当采用相同的成本计价方法确定发出存货的成本。高校应当采用一次转销法或者五五摊销法对低值易耗品、包装物进行摊销，将其成本计入当期费用或者相关资产成本。

2．对于不能替代使用的存货、为特定项目专门购入或加工的存货，通常采用个别计价法确定发出存货的成本。

3．对于性质和用途相似的存货，应当采用相同的成本计价方法确定发出存货的成本。

4．存货的计价方法一旦确定，以后期间不要随意的更改。

5．属于增值税一般纳税人的单位，若因非正常原因导致的库存物品盘亏或毁损，还应当将与该库存物品相关的增值税进项税额转出。对于发生的存货毁损，应当将存货账面余额转销计入当期费用，并将毁损存货处置收入扣除相关处置税费后的差额按规定作应缴款项处理（差额为净收益时）或计入当期费用（差额为净损失时）。

6．存货盘亏造成的损失，按规定报经批准后应当计入当期费用。

第三节　固定资产取得

一、概述

固定资产是指高校为满足自身开展业务活动或其他活动需要而控制的，使用年限超过1年（不含1年）、单位价值在规定标准以上，并在使用过程中基本保持原有物质形态的资产，一般包括房屋及构筑物、专用设备、通用设备等。单位价值虽未达到规定标准，但是使用年限超过1年（不含1年）的大批同类物资，如图书、家具、用具、装具等，应当确认为固定资产。固定资产同时满足下列条件的，应当予以确认：(1) 与该固定资产相关的服务潜力很可能实现或者经济利益很可能流入高校；(2) 该固定资产的成本或者价值能够可靠地计量。固定资产的取得包括：外购、自行建造、融资租入、接收捐赠、无偿调入、置换取得和盘盈等方式。

二、账务处理

（一）外购的固定资产

外购固定资产，财务会计借记"固定资产""在建工程"等科目，贷记"财政拨款收入""零余额账户用款额度""银行存款""其他应付款""长期应付款"等科目；预算会计借记"事业支出""经营支出"等科目，贷记"财政拨款预算收入""资金结存——货币资金"等科目。

1. 不需安装的固定资产

案例9-20：江东大学2×19年6月购入不需要安装的固定资产一批，价值150万元，通过财政直接支付方式付款，使用当年预算内指标。

经济业务	财务会计账务处理	预算会计账务处理
高校从市场上购置不需安装的固定资产一批	借：固定资产 1 500 000 贷：财政拨款收入——一般公共预算财政拨款 1 500 000	借：事业支出——教育支出——资本性支出 1 500 000 贷：财政拨款预算收入——基本支出——日常公用经费 1 500 000

2. 需要安装的固定资产

案例9-21：江东大学2×19年6月购入需要安装的固定资产一批，价值150万元，通过财政授权支付方式付款，使用的为当年的预算内指标。另外，用银行存款支付安装费用1.2万元，月底设备安装调试完毕，达到预定可使用状态。

经济业务	财务会计账务处理	预算会计账务处理
高校从市场上购置需安装的固定资产一批	借：在建工程 1 512 000 贷：零余额账户用款额度 1 500 000 银行存款 12 000	借：事业支出——教育支出——资本性支出 1 512 000 贷：资金结存——零余额账户用款额度 1 500 000 资金结存——货币资金 12 000
安装完工交付使用	借：固定资产 1 512 000 贷：在建工程 1 512 000	不作处理

3. 购入固定资产且有质量保证金

案例9-22：江东大学2×19年7月1日从市场上购买不需要安装的设备一套，价值50万元，支付货款的90%，另10%为质量保证金，通过国库直接支付的方式将90%的货款支付给对方，使用的是当年的预算内指标。9 月 30 日质保期满，该学校通过国库直接支付的方式将 10% 的质保金支付给对方，使用的是同样是当年的预算内指标。

经济业务	财务会计账务处理	预算会计账务处理
学校从市场上购置设备，支付货款的 90%，留 10% 为质量保证金	借：固定资产 500 000 贷：财政拨款收入——一般公共预算财政拨款 450 000 其他应付款 50 000	借：事业支出——教育支出——资本性支出 450 000 贷：财政拨款预算收入——基本支出——日常公用经费 450 000
质保期满支付质量保证金	借：其他应付款 50 000 贷：财政拨款收入——一般公共预算财政拨款 50 000	借：事业支出——教育支出——资本性支出 50 000 贷：财政拨款预算收入——基本支出——日常公用经费 50 000

（二）自行建造的固定资产

自行建造固定资产发生建造费用，财务会计借记“在建工程”等科目，贷记“财政拨款收入”“银行存款”等科目；预算会计借记“事业支出”“经营支出”等科目，贷记“财政拨款预算收入”“资金结存——货币资金”等科目。建造完工并交付使用，财务会计借方“固定资产”，贷方“在建工程”；预算会计不作处理。

案例 9－23：江东大学因研究业务需要，2×19 年 7 月自行建造设备一套，建造过程中用国库直接支付的方式支付建造费用 60 万元，使用当年预算内指标。9 月建造完成并交付投入使用。

经济业务	财务会计账务处理	预算会计账务处理
建造过程中支付相关建造费用	借：在建工程 600 000 贷：财政拨款收入 600 000	借：事业支出——教育支出——资本性支出 600 000 贷：财政拨款预算收入——基本支出 600 000
建造完工并转交使用	借：固定资产 600 000 贷：在建工程 600 000	不作处理

（三）融资租入的固定资产

融资租入固定资产，财务会计借记“固定资产”等科目，贷记“长期应付款”“财政拨款收入”“零余额账户用款额度”“银行存款”等科目；预算会计借记“事业支出”“经营支出”等科目，贷记“财政拨款预算收入”“资金结存——货币资金”等科目。

案例 9－24：江东大学 2×19 年 8 月通过融资租赁的方式租入不需要安装的实验设备一台，合同价款 200 万元，分 5 年支付，每年年底用财政授权支付 40 万元，使用当年的预算内指标。用银行存款支付相关税费和运输费共计 1 万元。

经济业务	财务会计账务处理	预算会计账务处理
租入固定资产	借：固定资产 2 010 000 贷：长期应付款 2 000 000 银行存款 10 000	借：事业支出——教育支出——商品和服务支出 10 000 贷：资金结存——货币资金 10 000
年底支付租金	借：长期应付款 400 000 贷：财政拨款收入——一般公共预算财政拨款 400 000	借：事业支出——教育支出——商品和服务支出 400 000 贷：财政拨款预算收入——基本支出 400 000

注：按照规定跨年度分期付款购入固定资产的账务处理，参照融资租入固定资产。

（四）接受捐赠的固定资产

接受捐赠固定资产，财务会计借记“固定资产”“其他费用”等科目，贷记“财政拨款收入”“零余额账户用款额度”“银行存款”“捐赠收入”等科目；预算会计借记“其他支出”科目，贷记“财政拨款预算收入”“资金结存——货币资金”等科目。

案例9－25：江东大学2×19年9月2日获得校友捐赠设备一台，原始票据显示价值20万元，用银行存款支付相关税费和运输费5 000元。9月15日获得友好单位捐赠实验设备一台，无法确定设备的价值，已名义金额入账，捐赠过程中用银行存款支付相关税费和运输费用1 000元。

经济业务	财务会计账务处理	预算会计账务处理
9月2日取得校友捐赠的设备一台，按照实际价值入账	借：固定资产 205 000 贷：银行存款 5 000 捐赠收入 200 000	借：其他支出——接受捐赠支出 5 000 贷：资金结存——货币资金 5 000
按照名义金额入账	借：固定资产 1 贷：捐赠收入 1 借：其他费用 1 000 贷：银行存款 1 000	借：其他支出——接受捐赠支出 1 000 贷：资金结存——货币资金 1 000

（五）无偿调入的固定资产

无偿调入固定资产，财务会计借记“固定资产”“在建工程”“其他费用”等科目，贷记“财政拨款收入”“零余额账户用款额度”“银行存款”“无偿调拨净资产”等科目；预算会计借记“其他支出”科目，贷记“财政拨款预算收入”“资金结存——货币资金”等科目。

案例9－26：2×19年9月20日，江东大学获得当地政府无偿调拨设备一批，不需要安装，价值1 000万元，用财政授权支付的方式支付相关税费和运输费用12万元。

经济业务	财务会计账务处理	预算会计账务处理
9月20日获得政府无偿调入固定资产	借：固定资产 10 120 000 贷：零余额账户用款额度 120 000 无偿调拨净资产 10 000 000	借：其他支出——资产调入支出 120 000 贷：资金结存——零余额账户用款额度 120 000

（六）置换取得的固定资产

置换取得固定资产，财务会计借记“固定资产”“固定资产累计折旧”“无形资产累计摊销”“资产处置费用”“银行存款”等科目，贷记“库存物品”“固定资产”“无形资产”“银行存款”“其他收入”“应缴财政款”等科目；预算会计借记“其他支出”，贷记“财政拨款预算收入”“资金结存——货币资金”等科目。

1. 置换换入固定资产不涉及补价

案例9－27：2×19年10月8日，江东大学因业务需要，用一台机器设备A换取三菱公司实验设备B一台，设备A的原值为50万元，已计提折旧20万元，市场估值35万元，另用银行存款支付相关税费2万元。

经济业务	财务会计账务处理	预算会计账务处理
置换换入固定资产不涉及补价	借：固定资产——B 370 000 固定资产累计折旧——A 200 000 贷：固定资产——A 500 000 银行存款 20 000 其他收入——资产置换收入 50 000	借：其他支出——资产置换支出 20 000 贷：资金结存——货币资金 20 000

2. 置换换入固定资产涉及支付补价

案例9－28：2×19年10月8日，江东大学因业务需要，用一台机器设备A，换取三菱公司实验设备B一台，设备A的原值为50万元，已计提折旧20万元，市场估值35万元，另用银行存款支付相关税费2万元，用银行存款支付对方差价5万元。

经济业务	财务会计账务处理	预算会计账务处理
置换换入固定资产涉及支付补价	借：固定资产——B 420 000 固定资产累计折旧——A 200 000 贷：固定资产——A 500 000 银行存款等 70 000 其他收入——资产置换收入 50 000	借：其他支出——资产置换支出 70 000 贷：资金结存——货币资金 70 000

3. 置换换入固定资产涉及收到补价

案例9－29：2×19年10月8日，江东大学因业务需要，用一台机器设备A换取三菱公司实验设备B一台，设备A的原值为50万元，已计提折旧20万元，市场估值35万元，另用银行存款支付相关税费2万元，同时，收到对方银行存款支付差价5万元。

经济业务	财务会计账务处理	预算会计账务处理
置换换入固定资产涉及收到补价	借：固定资产——B 320 000 银行存款等 50 000 固定资产累计折旧——A 200 000 贷：固定资产——A 500 000 银行存款 20 000 应缴财政款 30 000 其他收入——资产置换收入 20 000	不作处理

（七）盘盈固定资产

盘盈固定资产，财务会计借记“固定资产”等科目，贷记“待处理财产损溢”“其他收入”等科目；预算会计不作账务处理。

案例 9－30：2×19 年 10 月 30 日，江东大学开展资产盘点，盘盈固定产一批，价值 200 万元，经查明原因并请示领导批准后作为其他收入处理。

经济业务	财务会计账务处理	预算会计账务处理
发现盘盈固定资产	借：固定资产 2 000 000 贷：待处理财产损溢 2 000 000	不作处理
报批后作为盘盈固定资产	借：待处理财产损溢 2 000 000 贷：其他收入——资产盘盈收入 2 000 000	

注意事项：

1. 通常情况下，购入、换入、接受捐赠、无偿调入不需安装的固定资产，在固定资产验收合格时确认；购入、换入、接受捐赠、无偿调入需要安装的固定资产，在固定资产安装完成交付使用时确认；自行建造、改建、扩建的固定资产，在建造完成交付使用时确认。

2. 固定资产的各组成部分具有不同使用年限或者以不同方式为高校实现服务潜力或提供经济利益，适用不同折旧率或折旧方法且可以分别确定各自原价的，应当分别将各组成部分确认为单项固定资产。

3. 应用软件构成相关硬件不可缺少的组成部分的，应当将该软件的价值包括在所属的硬件价值中，一并确认为固定资产；不构成相关硬件不可缺少的组成部分的，应当将该软件确认为无形资产。

4. 购建房屋及构筑物，不能分清购建成本中的房屋及构筑物部分与土地使用权部分的，应当全部确认为固定资产；能够分清购建成本中的房屋及构筑物部分与土地使用权部分的，应当将其中的房屋及构筑物部分确认为固定资产，将其中的土地使用权部分确认为无形资产。

第四节 固定资产使用

一、概述

固定资产使用主要指后续支出，包括固定资产使用过程中的高校维修、维护、大修改造或者是改扩建等业务，根据性质不同应分为可以资本化和不可以资本化的支出，可以资本化的要确认固定资产的增加，不可以资本化的应在当期作为费用列支，不确认固定资产的增加。高校要对拥有的资产按照一定的年限和方法计提折旧，减少固定资产的账面价值。

二、账务处理

（一）固定资产后续支出

发生固定资产后续改造支出，财务会计借记“在建工程”“固定资产累计折旧”“业务活动费用”等科目，贷记“固定资产”“财政拨款收入”“银行存款”等科目；预算会计借记“事业支出”等科目，贷记“财政拨款预算收入”“资金结存——货币资金”等科目。

案例 9－31： 2×19 年 7 月，江东大学对现有的一座房屋 A 进行更新改造，改造后的房屋 A 将大大延长使用寿命，房屋 A 的原值 2 500 万元，以提折旧 1 800 万元，另外用国库直接支付的方式支付改造费用 500 万元，使用的是当年预算内指标，12 月底改造完成经验收合格并交付使用。另外该学校 8 月还对一台实验设备进行了维修保养，没有改变设备的特性，用银行存款支付维修费用 5 000 元。

经济业务	财务会计账务处理	预算会计账务处理
7 月对房屋的更新改造	借：在建工程 7 000 000 固定资产累计折旧——A 18 000 000 贷：固定资产——A 25 000 000 借：在建工程 5 000 000 贷：财政拨款收入——一般公共预算财政拨款 5 000 000	借：事业支出——教育支出——商品和服务支出 5 000 000 贷：财政拨款预算收入——基本支出 5 000 000
12 月交付使用	借：固定资产 12 000 000 贷：在建工程 12 000 000	不作处理
8 月对设备进行维修保养	借：业务活动费用——教育费用——商品和服务费用 5 000 贷：银行存款 5 000	借：事业支出——教育支出——商品和服务支出 5 000 贷：资金结存——货币资金 5 000

（二）固定资产计提折旧

计提固定资产折旧，财务会计借记“业务活动费用”“单位管理费用”“经营费用”“加工物品”“在建工程”等科目，贷记“固定资产累计折旧”科目；预算会计不作账务处理。

案例9-32： 2×19年12月31日，江东大学对已有的一台本月新购入经营用的设备计提折旧，设备原值12万元，使用寿命10年，按照年限平均法计算折旧额。

经济业务	财务会计账务处理	预算会计账务处理
本月对固定资产计提折旧	借：经营费用——商品和服务费用 1 000 　贷：固定资产累计折旧 1 000	不作处理

（三）融资租赁固定资产折旧

融资租赁固定资产折旧应当采用与自有固定资产相一致的折旧政策。能够合理确定租赁期届满时将会取得租入固定资产所有权的，应当在租入固定资产尚可使用年限内计提折旧；无法合理确定租赁期届满时能够取得租入固定资产所有权的，应当在租赁期与租入固定资产尚可使用年限两者中较短的期间内计提折旧。

注意事项：

1. 为增加固定资产使用效能或延长其使用年限而发生的改建、扩建等后续支出，应作为资本化的支出，增加固定资产的账面价值。

2. 为维持固定资产本来的功能而发生的维修维护费用，应作为非资本化的支出，应在发生时作为当期费用列支。

3. 固定资产折旧一般应当采用年限平均法或者工作量法计提，计提时不考虑预计净残值，当月增加的固定资产当月提折旧，当月减少固定资产的当月不提折旧。对暂估入账的固定资产计提折旧，实际成本确定后不需调整原已计提的折旧额。

4. 固定资产提足折旧后，无论能否继续使用，均不再计提折旧；提前报废的固定资产，也不再补提折旧。已提足折旧的固定资产，可以继续使用的，应当继续使用，规范实物管理。

5. 固定资产因改建、扩建或修缮等原因而延长其使用年限的，应当按照重新确定的固定资产的成本以及重新确定的折旧年限计算折旧额。

6. 下列各项固定资产不计提折旧：（1）文物和陈列品；（2）动植物；（3）图书、档案；（4）单独计价入账的土地；（5）以名义金额计量的固定资产。

7. 以借入、经营租赁租入方式取得的固定资产，设置备查簿进行登记，不作固定资产，不提折旧；采用融资租入方式取得的固定资产，应当在固定资产科目下设置“融资租赁固定资产”明细科目核算，计提折旧时应当采用与自由固定资产一致的折旧政策。

8. 固定资产折旧方法一经确定，不得随意变更。

第五节　固定资产处置

一、概述

固定资产处置就是指高校对现有的固定资产进行出售、转让、对外捐赠、无偿调出、盘亏、毁损或报废处理等。

二、账务处理

（一）出售、转让固定资产

出售、转让固定资产，财务会计借记“资产处置费用”“固定资产累计折旧”“银行存款”等科目，贷记“固定资产”“应缴财政款”“银行存款”等科目；预算会计不作账务处理。

案例 9－33：2×19 年 10 月 9 日，江东大学将不需要的一台实验设备对外出售，设备的原值 120 万元，已累计计提折旧 90 万元，出售价格 32 万元，对方用银行存款支付，另外，用银行存款支付相关税费 5 000 元。

经济业务	财务会计账务处理	预算会计账务处理
出售固定资产	借：资产处置费用　300 000 　固定资产累计折旧　900 000 　贷：固定资产　1 200 000 借：银行存款　320 000 　贷：应缴财政款　320 000 借：应缴财政款　5 000 　贷：银行存款　5 000	不作处理

（二）对外捐赠固定资产

对外捐赠固定资产，财务会计借记“资产处置费用”“固定资产累计折旧”等科目，贷记“固定资产”“银行存款”等科目；预算会计借记“其他支出”科目，贷记“财政拨款预算收入”“资金结存——货币资金”等科目。

案例 9－34：2×19 年 10 月 11 日，江东大学将一台实验设备通过无偿捐赠的方式转给了下属的民办学院，该设备原值 60 万元，以计提折旧 28 万元，捐赠过程中发生手续费 1.2 万元，应银行存款支付。

经济业务	财务会计账务处理	预算会计账务处理
对外捐赠固定资产	借：资产处置费用　332 000 　　固定资产累计折旧　280 000 　贷：固定资产　600 000 　　　银行存款　12 000	借：其他支出——接受捐赠支出　12 000 　贷：资金结存——货币资金　12 000

（三）无偿调出固定资产

无偿调出固定资产，财务会计借记“无偿调拨净资产”“固定资产累计折旧”“资产处置费用”等科目，贷记“固定资产”“银行存款”等科目；预算会计借记“其他支出”科目，贷记“财政拨款预算收入”“资金结存——货币资金”等科目。

案例9－35：2×19年11月2日，江东大学通过无偿调拨的方式给下属的民办学院实验设备一批，原值1 000万元，已计提折旧500万元，用银行存款支付调拨过程中的相关费用1.6万元。

经济业务	财务会计账务处理	预算会计账务处理
无偿调出固定资产	借：无偿调拨净资产　5 000 000 　　固定资产累计折旧　5 000 000 　贷：固定资产　10 000 000 借：资产处置费用　16 000 　贷：银行存款　16 000	借：其他支出——资产调拨支出　16 000 　贷：资金结存——货币资金　16 000

（四）盘亏、毁损或报废固定资产

盘亏、毁损或报废固定资产，财务会计借记“待处理财产损溢”“固定资产累计折旧”“资产处置费用”等科目，贷记“固定资产”等科目；预算会计不作账务处理。

案例9－36：2×19年12月30日，江东大学在年终固定资产盘点时，盘亏固定资产一批，该批固定资产的账面余额为20万元，累计计提折旧18万元。经查明原因，经批准作盘亏处理。

经济业务	财务会计账务处理	预算会计账务处理
盘亏固定资产	借：待处理财产损溢　20 000 　　固定资产累计折旧　180 000 　贷：固定资产　200 000	不作处理
审批后	借：资产处置费用　20 000 　贷：待处理财产损溢　20 000	不作处理

注意事项：

1. 高校按规定报经批准出售、转让固定资产或固定资产报废、毁损的，应当将固定资产账面价值转销计入当期费用，并将处置收入扣除相关处置税费后的差额按规定作应缴款项处理（差额为净收益时）或计入当期费用（差额为净损失时）。

2. 高校按规定报经批准对外捐赠、无偿调出固定资产的，应当将固定资产的账面价值予以转销，对外捐赠、无偿调出中发生的归属于捐出方、调出方的相关费用应当计入当期费用。

3. 高校按规定报经批准以固定资产对外投资的，应当将该固定资产的账面价值予以转销，并将固定资产在对外投资时的评估价值与其账面价值的差额计入当期收入或费用。

4. 此项业务在处理时要将固定资产的账面价值转入“资产处置费用”“待处理财产损溢”或者“无偿调拨净资产”科目，出售、转让和捐赠时转入“资产处置费用”，盘亏、毁损或报废时转入“待处理财产损溢”，无偿调出时转入“无偿调拨净资产”。

5. 固定资产处置过程中停止提折旧费用。

6. 固定资产盘亏造成的损失，按规定报经批准后应当计入当期费用。

第六节　无形资产取得

一、概述

无形资产是指高校控制的没有实物形态的可辨认非货币性资产，如专利权、商标权、著作权、土地使用权、非专利技术等，主要通过外购、委托开发、自行开发、置换、接受捐赠、无偿调入等方式取得。

无形资产同时满足下列条件的，应当予以确认：1. 与该无形资产相关的服务潜力很可能实现或者经济利益很可能流入高校；2. 该无形资产的成本或者价值能够可靠地计量。

二、账务处理

（一）外购无形资产

外购无形资产，财务会计借记“无形资产”科目，贷记“财政拨款收入”“零余额账户用款额度”“应付账款”“银行存款”等科目；预算会计借记“事业支出”“经营支出”等科目，贷记“财政拨款预算收入”“资金结存——货币资金”等科目。

案例9-37：江东大学2×19年购买××企业软件10万元，当年财政直接支付。

经济业务	财务会计账务处理	预算会计账务处理
购买无形资产	借：无形资产　100 000 贷：财政拨款收入——一般公共预算财政拨款　100 000	借：事业支出——教育支出——商品和服务支出　100 000 贷：财政拨款预算收入——基本支出——日常公用经费　100 000

（二）委托开发

委托开发无形资产，财务会计借记“无形资产”“预付账款”等科目，贷记“财政拨款收入”“零余额账户用款额度”“银行存款”等科目；预算会计借记“事业支出”“经营支出”等科目，贷记“财政拨款预算收入”“资金结存——货币资金”等科目。

案例9-38：江东大学2×19年委托××企业开发软件，预支付2万元，当年财政直接支付。

经济业务	财务会计账务处理	预算会计账务处理
委托开发预付款	借：预付账款 20 000 贷：财政拨款收入——一般公共预算财政拨款 20 000	借：事业支出——教育支出——商品和服务支出 20 000 贷：财政拨款预算收入——基本支出日常公用经费 20 000

案例9-39：江东大学2×19年接受××企业委托开发完工的软件，并支付剩余款项8万元，当年财政直接支付，前期预付软件费用10万元。

经济业务	财务会计账务处理	预算会计账务处理
委托开发完工并付尾款	借：无形资产 180 000 贷：预付账款 100 000 财政拨款收入——一般公共预算财政拨款 80 000	借：事业支出——教育支出——商品和服务支出 80 000 贷：财政拨款预算收入——基本支出——日常公用经费 80 000

（三）自行开发

自行开发无形资产，财务会计借记“无形资产”“研发支出”“业务活动费用”等科目，贷记“财政拨款收入”“零余额账户用款额度”“银行存款”等科目；预算会计借记“事业支出”“经营支出”等科目，贷记“财政拨款预算收入”“资金结存——货币资金”等科目。

1. 研究阶段

案例9-40：江东大学2×19年自行开发一套软件，研究阶段发生办公费2万元，当年财政直接支付。

经济业务	财务会计账务处理	预算会计账务处理
自行开发软件研究阶段	借：研发支出——研究支出 20 000 贷：财政拨款收入——一般公共预算财政拨款 20 000	借：事业支出——教育支出——商品和服务支出 20 000 贷：财政拨款预算收入——基本支出——日常公用经费 20 000

2. 开发阶段

案例9-41：江东大学2×19年自行开发一套软件，开发阶段发生办公费3万元，当年财政直接支付方式支付。

经济业务	财务会计账务处理	预算会计账务处理
自行开发软件开发阶段	借：研发支出——开发支出　30 000 　贷：财政拨款收入——一般公共预算财政拨款　30 000	借：事业支出——教育支出——商品和服务支出　30 000 　贷：财政拨款预算收入——基本支出日常公用经费　30 000

（1）开发成功

案例 9-42：江东大学 2×19 年自行开发一套软件，开发阶段总发生开发费用 9 万元，开发成功。

经济业务	财务会计账务处理	预算会计账务处理
自行开发软件开发成功	借：无形资产　90 000 　贷：研发支出——开发支出　90 000	不作处理

（2）开发不成功

案例 9-43：江东大学 2×19 年自行开发一套软件，开发阶段总发生开发费用 9 万元，开发不成功。

经济业务	财务会计账务处理	预算会计账务处理
自行开发软件开发不成功	借：业务活动费用——教育费用——商品和服务费用　90 000 　贷：研发支出——开发支出　90 000	不作处理

（四）置换取得

置换取得无形资产，财务会计借记“无形资产”“固定资产累计折旧”“无形资产累计摊销”“资产处置费用”“银行存款”等科目，贷记“库存物品”“固定资产”“无形资产”“银行存款”“其他收入”“应缴财政款”等科目；预算会计借记“其他支出”，贷记“财政拨款预算收入”“资金结存——货币资金”等科目。

1. 不涉及补价的置换

案例 9-44：江东大学 2×19 年与××企业进行某软件置换，学校某软件账面余额 10 万元，该软件已累计计提摊销 4 万元，当年财政直接支付税费等 1 万元，学校软件经第三方评估价值为 8 万元。

经济业务	财务会计账务处理	预算会计账务处理
不涉及补价的置换	借：无形资产　90 000 　无形资产累计摊销　40 000 　贷：无形资产　100 000 　　财政拨款收入　10 000 　　其他收入——资产置换收入　20 000	借：其他支出——资产置换支出　10 000 　贷：财政拨款预算收入——基本支出　10 000

2. 涉及补价的置换

（1）支付补价的置换

案例9-45：江东大学2×19年与甲企业进行某软件置换，学校某软件账面余额10万元，该软件已累计计提摊销4万元，支付税费等1万元，学校软件经第三方评估价值为8万元，同时支付对方补价1万元，以银行存款支付补价和税费。

经济业务	财务会计账务处理	预算会计账务处理
支付补价的置换	借：无形资产 90 000 无形资产累计摊销 40 000 贷：无形资产 100 000 银行存款 20 000 其他收入——资产置换收入 10 000	借：其他支出——资产置换支出 5 000 贷：资金结存——货币资金 5 000

（2）收到补价的置换

案例9-46：江东大学2×19年与××企业进行某软件置换，学校某软件账面余额10万元，该软件已累计计提摊销4万元，以银行存款支付税费等1万元，学校软件经第三方评估价值为8万元，同时银行存款收到对方支付补价5 000元。

经济业务	财务会计账务处理	预算会计账务处理
收到补价的置换	借：无形资产 85 000 银行存款 5 000 无形资产累计摊销 40 000 贷：无形资产 100 000 银行存款 10 000 其他收入——资产置换收入 20 000	借：其他支出——资产置换支出 5 000 贷：资金结存 5 000

（五）接受捐赠

接受捐赠无形资产，财务会计借记“无形资产”“其他费用”等科目，贷记“财政拨款收入”“零余额账户用款额度”“银行存款”“捐赠收入”等科目；预算会计借记“其他支出”科目，贷记“财政拨款预算收入”“资金结存——货币资金”等科目。

1. 接受捐赠按照正常价值入账

案例9-47：江东大学2×19年接受××企业捐赠软件，其评估价为10万元，同时支付相关税费1万元，银行存款支付。

经济业务	财务会计账务处理	预算会计账务处理
接受捐赠按照正常价值入账	借：无形资产 110 000 贷：银行存款 10 000 捐赠收入 100 000	借：其他支出——接收捐赠支出 10 000 贷：资金结存 10 000

2. 接受捐赠按照名义金额入账

案例 9-48：江东大学 2×19 年接受××企业捐赠软件，其价值无法取得和评估，同时支付相关税费 1 万元，银行存款支付。

经济业务	财务会计账务处理	预算会计账务处理
接受捐赠按照名义金额入账	借：无形资产 1 　贷：捐赠收入 1 借：其他费用——其他相关费用 10 000 　贷：银行存款 10 000	借：其他支出——接受捐赠支出 10 000 　贷：资金结存 10 000

（六）无偿调入

发生无偿调入无形资产，财务会计借记“无形资产”等科目，贷记“财政拨款收入”“零余额账户用款额度”“银行存款”“无偿调拨净资产”等科目；预算会计借记“其他支出”科目，贷记“财政拨款预算收入”“资金结存——货币资金”等科目。

案例 9-49：江东大学 2×19 年接受××事业单位无偿调入软件，其账面余额为 10 万元，同时支付相关税费 1 万元，银行存款支付。

经济业务	财务会计账务处理	预算会计账务处理
无偿调入无形资产	借：无形资产 110 000 　贷：银行存款 10 000 　　无偿调拨净资产 100 000	借：其他支出——资产调入支出 10 000 　贷：资金结存 10 000

（七）后续支出

发生无形资产后续支出，财务会计借记“在建工程”“无形资产累计摊销”“业务活动费用”等科目，贷记“无形资产”“财政拨款收入”“银行存款”等科目；预算会计借记“事业支出”等科目，贷记“财政拨款预算收入”“资金结存——货币资金”等科目。

1. 符合无形资产确认条件的后续支出

案例 9-50：江东大学 2×19 年对某软件进行另外功能扩展的开发，其账面余额为 10 万元，已提摊销 4 万元，开发时支付相关费用 1 万元，财政直接支付支付，开发成功。

经济业务	财务会计账务处理	预算会计账务处理
符合无形资产确认条件的后续支出	借：在建工程 60 000 　无形资产累计摊销 40 000 　贷：无形资产 100 000 借：在建工程 10 000 　贷：财政拨款收入——一般公共预算财政拨款 10 000	借：事业支出——教育支出——商品服务支出 10 000 　贷：财政拨款预算收入——基本支出 10 000
开发完成时	借：无形资产 70 000 　贷：在建工程 70 000	不作处理

2. 不符合无形资产确认条件的后续支出

案例9-51：江东大学2×19年对某软件进行维护，其账面余额为10万元，已提摊销4万元，支付相关维护费用1万元，财政直接支付支付，开发成功。

经济业务	财务会计账务处理	预算会计账务处理
不符合无形资产确认条件的后续支出	借：业务活动费用——教育费用——商品和服务费用 10 000 贷：财政拨款收入——一般公共预算财政拨款 10 000	借：事业支出——教育支出——商品和服务支出 10 000 贷：财政拨款预算收入——基本支出 10 000

注意事项：

1. 高校购入的不构成相关硬件不可缺少组成部分的软件，应当确认为无形资产。

2. 高校自行研究开发项目研究阶段的支出，应当于发生时计入当期费用。开发阶段的支出，先按合理方法进行归集，如果最终形成无形资产的，应当确认为无形资产；如果最终未形成无形资产的，应当计入当期费用。

3. 高校自创商誉及内部产生的品牌、报刊名等，不应确认为无形资产。

第七节 无形资产使用

一、概述

无形资产使用主要指无形资产摊销，高校应当对使用年限有限的无形资产按月进行摊销，但已摊销完毕仍继续使用的无形资产和以名义金额计量的无形资产除外。高校应当于取得或形成无形资产时合理确定其使用年限。无形资产的使用年限为有限的，应当估计该使用年限。无法预见无形资产为高校提供服务潜力或者带来经济利益期限的，应当视为使用年限不确定的无形资产。

二、账务处理

发生无形资产使用摊销，财务会计借记“业务活动费用”“单位管理费用”“加工物品”“在建工程”等科目，贷记“无形资产累计摊销”；预算会计不作处理。

案例9-52：江东大学2×19年9月经领导批准购买某软件，银行存款支付××企业12万元，预计使用年限10年，当月开始使用。

经济业务	财务会计账务处理	预算会计账务处理
当月购入无形资产，计提摊销	借：业务活动费用——教育费用——商品和服务费用 1 000 贷：无形资产累计摊销 1 000	不作处理

注意事项：

1. 非大批量购入、单价小于1 000元的无形资产，可以于购买的当期将其成本一次性全部转销。

2. 单位应当定期对无形资产进行清查盘点，每年至少盘点一次。单位资产清查盘点过程中发现的无形资产盘盈、盘亏等，参照“固定资产”科目相关规定进行账务处理。

第八节　无形资产处置

一、概述

高校按规定报经批准出售无形资产，应当将无形资产账面价值转销计入当期费用，并将处置收入大于相关处置税费后的差额按规定计入当期收入或者做应缴款项处理，将处置收入小于相关处置税费后的差额计入当期费用。

二、账务处理

（一）出售、转让

出售、转让无形资产，财务会计借记“资产处置费用”“无形资产累计摊销”“银行存款”等科目，贷记“无形资产”“应缴财政款”“银行存款”“其他收入”等科目；预算会计借记“资金结存——货币资金”等科目，贷记“其他预算收入”科目。

案例9－53：江东大学2×19年转让给××企业以前购买的某软件，其账面余额为10万元，已提摊销8万元，支付相关转让税费5 000元，银行存款支付，收到对方转让款4万元。

经济业务	财务会计账务处理	预算会计账务处理
出售、转让无形资产	借：资产处置费用　20 000 　　无形资产累计摊销　80 000 　　贷：无形资产　100 000	不作处理
支付费用并收到价款	借：银行存款　40 000 　　贷：银行存款　5 000 　　　　其他收入　35 000	借：资金结存　35 000 　　贷：其他预算收入　35 000

（二）对外捐赠

对外捐赠无形资产，财务会计借记“资产处置费用”“无形资产累计摊销”等科目，贷记“无形资产”　“银行存款”等科目；预算会计借记“其他支出”，贷记“资金结存——货币资金”等科目。

案例9－54：江东大学2×19年捐赠给××企业以前购买的某软件，其账面余额为

100 000 元，已提摊销 80 000 元，支付相关转让税费 5 000 元，银行存款支付。

经济业务	财务会计账务处理	预算会计账务处理
对外捐赠无形资产	借：资产处置费用 25 000 无形资产累计摊销 80 000 贷：无形资产 100 000 银行存款 5 000	借：其他支出 5 000 贷：资金结存 5 000

（三）无偿调出

无偿调出无形资产，财务会计借记“资产处置费用”“无形资产累计摊销”“无偿调拨净资产”等科目，贷记“无形资产”“银行存款”等科目；预算会计借记“其他支出”科目，贷记“资金结存——货币资金”等科目。

案例 9-55：江东大学 2×19 年无偿调拨给××事业单位以前购买的某软件，其账面余额为 10 万元，已提摊销 8 万元，支付相关安装费用 5 000 元，银行存款支付。

经济业务	财务会计账务处理	预算会计账务处理
无偿调出无形资产	借：无偿调拨净资产 20 000 无形资产累计摊销 80 000 贷：无形资产 100 000 借：资产处置费用 5 000 贷：银行存款 5 000	借：其他支出——资产调拨支出 5 000 贷：资金结存 5 000

注意事项：

报经批准置换换出无形资产，参照“库存物品”科目中置换换入库存物品的规定进行账务处理。

（四）经批准核销

核销无形资产，财务会计借记“资产处置费用”“无形资产累计摊销”等科目，贷记“无形资产”科目。预算会计不作账务处理。

案例 9-56：江东大学 2×19 年经领导批准核销因淘汰的以前购买的某软件，其账面余额为 10 万元，已提摊销 8 万元。

经济业务	财务会计账务处理	预算会计账务处理
经批准核销无形资产	借：资产处置费用 20 000 无形资产累计摊销 80 000 贷：无形资产 100 000	不作处理

注意事项：

1. 高校按规定报经批准对外捐赠、无偿调出无形资产的，应当将无形资产的账面价值予以转销，对外捐赠、无偿调出中发生的归属于捐出方、调出方的相关费用应当计入当期费用。

2. 无形资产预期不能为高校带来服务潜力或者经济利益的，应当在报经批准后将该无形资产的账面价值予以转销。

第十章

信息化建设与管理

本章内容简介：

高校信息化建设与管理中心负责学校信息化建设的规划、管理和服务，服务于学校的教学、科研和管理等工作。本章主要介绍信息化建设与管理过程中常见的经济业务核算，包括高校校园数字化规划与建设、校园网建设与管理、培训、弱电系统归口管理、校园一卡通管理及维护等。

第一节　信息化建设与管理部门运行经费

一、概述

部门运行经费是为保障信息化建设与管理部门日常运转用于购买货物和服务的各项资金，包括办公及印刷费、邮电费、差旅费、会议费、办公设备维修费及其他费用。

二、账务处理

发生部门运行相关经费，财务会计借记“业务活动费用——教育费用”，贷记“零余额账户用款额度”“银行存款”等科目；预算会计借记“事业支出——教育支出”，贷记“资金结存——零余额账户用款额度”“结存资金——货币资金”等科目，财政直接支付方式支付，贷记“财政拨款预算收入”。具体案例参见本书“第七章行政管理”有关内容。

第二节　校园网络运行维护

一、概述

校园网络运行管理经费是为保证学院校园网络安全平稳运行，信息化教学服务设施的正常有效使用，对校园网基础信息和应用服务器、核心网络设备、一卡通系统、信息化教学设施等进行更新、维护和管理发生的相关费用，主要包括材料、维修、维保、通信等费用；同时，还包括向相关部门缴纳教育网络租用费、各类信息平台服务费、软件使用费、网络安全费等。

二、账务处理

发生校园网络运行相关经费，财务会计借记“业务活动费用——教育费用”“待摊费用”“长期待摊费用”等科目，贷记“零余额账户用款额度”“银行存款” “库存物品”“预提费用”等科目；预算会计借记“事业支出——教育支出”，贷记“资金结存——零余额账户用款额度”“结存资金——货币资金”等科目，财政直接支付方式下，贷记“财政拨款预算收入”。

（一）支付维修等管理业务费

案例 10－1：江东大学信息中心机房在日常维护中发现某台服务器工作异常，联系服务商进行维修，发生维修费用 690 元，通过国库授权支付方式支付。

经济业务	财务会计账务处理	预算会计账务处理
更换硬盘 690 元	借：业务活动费用——教育费用——商品和服务费用 690 贷：零余额账户用款额度 690	借：事业支出——教育支出——商品和服务支出 690 贷：资金结存——零余额账户用款额度 690

（二）领用低值易耗品等

案例 10－2：江东大学信息中心进行信息化教学设备定期检查，发现需要更换投影仪灯泡 10 个，从学校资产处低耗品仓库领用灯泡 10 个，合计 4 500 元。

经济业务	财务会计账务处理	预算会计账务处理
领用投影仪灯泡 10 个，共计 4 500 元	借：业务活动费用——教育费用——商品和服务费用 4 500 贷：库存物品 4 500	不作处理

（三）预付网络使用等费用

案例 10－3：2×18 年 11 月，江东大学信息中心收到中国教育与科研计算机网络使用费的缴费通知，要求预缴 2×19 年 1—6 月的网络使用费 54 000 元，信息中心持通知办理预付款手续；12 月 2 日，信息中心收到公司开出的网络使用费发票，并及时办结预付款冲销手续，款项通过财政授权支付方式支付。

经济业务	财务会计账务处理	预算会计账务处理
办理 2×19 年下半年网络使用费 54 000 元预付款手续	借：预付账款 54 000 贷：零余额账户用款额度 54 000	借：事业支出——教育支出——商品和服务支出 54 000 贷：资金结存——零余额账户用款额度 54 000

续表

经济业务	财务会计账务处理	预算会计账务处理
持发票冲销网络使用费预付款	借：待摊费用　54 000 　贷：预付账款　54 000	不作处理
2×19 年 1 月 31 日按受益期限平均摊销网络使用费 9 000元	借：业务活动费用——教育费用——商品和服务费用　9 000 　贷：待摊费用　9 000	不作处理

（四）预提光纤等服务费用

案例 10－4：根据江东大学和电信公司签订的托收千兆光纤服务费合同，每月 12 日托收上月的服务费 6 666 元，托收账户为单位零余额账户。

经济业务	财务会计账务处理	预算会计账务处理
每月末，按电信托收光纤服务费 6 666 元	借：业务活动费用——教育费用——商品和服务费用　6 666 　贷：预提费用　6 666	不作处理
每月 12 日收到电信托收服务费回单	借：预提费用　6 666 　贷：零余额账户用款额度　6 666	借：事业支出——教育支出——商品和服务支出　6 666 　贷：资金结存——零余额账户用款额度　6 666

（五）列支长期待摊费用

案例 10－5：2×19 年 3 月，江东大学信息中心病毒软件网络版、服务器版维保费期限到期，经与软件公司协商，签订 3 年（2×19 年 4 月到 2×22 年 3 月）服务器维保合同，合同价款为 72 000 元，按合同约定款项一次性支付，款项已通过财政授权支付方式支付。

经济业务	财务会计账务处理	预算会计账务处理
办理维保费支付手续	借：长期待摊费用　72 000 　贷：零余额账户用款额度　72 000	借：事业支出——教育支出——商品和服务支出　72 000 　贷：资金结存——零余额账户用款额度　72 000
每月月末摊销维保费 2 000 元	借：业务活动费用——教育费用——商品和服务费用　2 000 　贷：长期待摊费用　2 000	不作处理

第三节 智慧校园建设项目

一、概述

智慧校园是以物联网为基础的智慧化的校园工作、学习和生活一体化环境，以各种应用服务系统为载体，将教学、科研、管理和校园生活进行充分融合。智慧校园建设项目是基于学校已有的信息化建设基础上，根据学校智慧化校园建设规划和实施方案，对原有软硬件设施、系统进行升级改造整合，最终建成完整统一、技术先进、覆盖全面、应用深入、高校稳定、安全可靠的智慧校园。学校进行智慧校园建设项目，主要发生项目建设费用、设备、软件等购置费等。

二、账务处理

智慧校园建设项目实施期间，根据实际情况，财务会计借记“预付账款”“在建工程”“无形资产”“长期应付款”“业务活动费用——教育费用”“资产处置费用”等科目，贷记“零余额账户用款额度”“银行存款”“预付账款”“长期应付款”“无形资产累计摊销”等科目；预算会计借记“事业支出——教育支出”，贷记“资金结存——零余额账户用款额度”“资金结存——货币资金”等科目，财政直接支付方式下，贷记“财政拨款预算收入”。

（一）预付、支付工程款

案例 10－6：江东大学信息中心根据学校智慧化校园（一期）规划，2×18 年 12 月 4 日经过公开招标，A 信息公司中标学校的智慧化校园信息系统项目工程，合同总金额 200 万元，工程期限 1 年，2×19 年 1 月 3 日根据合同约定，预付合同的 10%，半年后，支付工程款至合同金额的 50%，款项均通过财政授权支付方式支付。

经济业务	财务会计账务处理	预算会计账务处理
1 月 3 日支付预付工程款 200 000 元	借：预付账款——预付工程款 200 000 贷：零余额账户用款额度 200 000	借：事业支出——教育支出——资本性支出 200 000 贷：资金结存——零余额账户用款额度 200 000
6 月 30 日，根据合同支付至合同金额的 50%，尚需支付 800 000 元，已开票	借：在建工程——其他投资 1 000 000 贷：预付账款——预付工程款 200 000 零余额账户用款额度 800 000	借：事业支出——教育支出——资本性支出 800 000 贷：资金结存——零余额账户用款额度 800 000

（二）工程完工，支付合同款，预留质量保证金

案例 10－7：智慧化校园信息系统项目工程于 2×19 年 11 月 30 日提前完工，江东大学于 2×19 年 12 月 10 日进行项目验收，验收通过后，12 月 12 日，支付剩余合同款，款项通过财政授权支付方式支付，并预留质量保证金 10 万元 2 年。

经济业务	财务会计账务处理	预算会计账务处理
12 月 10 日，项目通过验收，支付剩余合同款 900 000 元，预留质量保证金 100 000 元，发票已开全	借：在建工程——其他投资　1 000 000 　贷：零余额账户用款额度　900 000 　　长期应付账款——质量保证金　100 000	借：事业支出——教育支出——资本性支出　900 000 　贷：资金结存——零余额账户用款额度　900 000

（三）办理资产入库

案例 10－8：2×19 年 12 月 15 日，江东大学智慧校园工程（一期）项目投入使用，办理无形资产验收入库手续，项目总价值 200 万元。

经济业务	财务会计账务处理	预算会计账务处理
办理无形资产验收入库手续，项目总价值 200 万元	借：无形资产　2 000 000 　贷：在建工程——其他投资　2 000 000	不作处理

（四）智慧校园系统软件的摊销

案例 10－9：根据国家相关规定，江东大学决定对智慧校园软件（一期）从 2×20 年起在 5 年内平均摊销。

经济业务	财务会计账务处理	预算会计账务处理
2×20 年 1 月 31 日，摊销软件费用 33 333 元	借：业务活动费用——教育费用——商品和服务费用　33 333 　贷：无形资产累计摊销　33 333	不作处理

（五）支付工程质量保证金

案例 10－10：2×21 年 12 月，江东大学支付智慧校园（一期）工程质量保证金 10 万元，款项通过财政授权支付方式支付。

经济业务	财务会计账务处理	预算会计账务处理
支付工程质量保证金 10 万元	借：长期应付款——质量保证金　100 000 　贷：零余额账户用款额度　100 000	借：事业支出——教育支出——资本性支出　100 000 　贷：资金结存——零余额账户用款额度　100 000

（六）智慧校园系统软件的核销

案例 10-11：2×24 年 6 月，江东大学决定从 7 月起停止使用智慧校园系统软件（一期），正式使用新的智慧校园系统软件（二期），截至 2×14 年 6 月，无形资产—智慧校园系统软件（一期）账面余额为 20 万元。经批准，资产管理部门办理资产注销手续，注销无形资产—智慧校园系统软件（一期）。

经济业务	财务会计账务处理	预算会计账务处理
2×20 年 7 月 1 日，注销智慧校园系统软件（一期）	借：资产处置费用 200 000 无形资产累计摊销 1 800 000 贷：无形资产 2 000 000	不作处理

（七）购置相关硬件设备

账务处理同固定资产购置，参见“第九章资产”中“第三节固定资产取得”有关内容。

第四节 校园卡管理和经费

一、概述

校园一卡通管理业务主要涉及校园卡设备的日常使用管理和卡系统的日常维护，经费核算主要涉及卡账户的经费业务管理，包括校园卡的制卡、发卡、补卡、注销，校园卡资金的核对，与商户的资金结算等。

二、账务处理

校园卡业务根据具体业务发生类型，财务会计借记“预付账款”“库存物品”“业务活动费用——教育费用”“库存现金”等科目，贷记“零余额账户用款额度”“银行存款”“库存物品”“预付账款”等科目；预算会计借记“事业支出——教育支出”，贷记“资金结存——零余额账户用款额度”“结存资金——货币资金”等科目，财政直接支付方式支付，贷记“财政拨款预算收入”。

核算校园卡资金存款和往来，财务会计借记“其他应收款”“银行存款”“受托代理负债”等科目，贷记“其他应付款”“银行存款”“其他应收款”等科目；预算会计不作处理。

（一）购置校园卡

案例 10-12：2×19 年 2 月，江东大学信息中心新学期根据工作安排，购买一批新校园卡满足新开卡需要，根据后三年招生计划，与校园卡提供方协商后，准备购置新卡

20 000张，总计 200 000 元。2 月 5 日按照合同约定预付 10% 价款。2 月 9 日，全部到货后经清点无误入库，余款通过财政授权支付方式支付。

经济业务	财务会计账务处理	预算会计账务处理
借校园卡预付款 20 000 元	借：预付账款　20 000 　贷：零余额账户用款额度　20 000	借：事业支出——教育支出——商品和服务支出　20 000 　贷：资金结存——零余额账户用款额度　20 000
冲销预付款、办理报销手续	借：库存物品　200 000 　贷：预付账款　20 000 　　零余额账户用款额度　180 000	借：事业支出——教育支出——商品和服务支出　180 000 　贷：资金结存——零余额账户用款额度　180 000

（二）新生校园卡批量开卡，并预充值

案例 10－13：2×19 年 8 月，江东大学信息中心收到校招生处新生开卡通知，本年度共录取 5 500 名新生，根据学校新生报到通知，新生到校后发放一张校园卡，卡内预存充值款 100 元，共计 550 000 元。

经济业务	财务会计账务处理	预算会计账务处理
根据新生录取名单领取校园卡 5 500 张	借：业务活动费用——教育费用——商品和服务费用　55 000 　贷：库存物品　55 000	不作处理
根据新生录取名单开卡，每人预存充值款 100 元，共计 550 000 元	借：其他应收款　550 000 　贷：其他应付款　550 000	不作处理

（三）新生报到缴费，扣回预充值，未报到学生校园卡销户和冲销预充值

案例 10－14：2×19 年 9 月 1 日，江东大学通过银行托收新生学费及代办费，其中收到新生校园卡充值款 536 000 元。9 月 20 日，新生报到结束，根据教务部门和招生部门统计，共有 40 名学生放弃报到。信息中心根据学校决定将这 40 名学生校园卡做销卡处理。

经济业务	财务会计账务处理	预算会计账务处理
根据收到的新生校园卡充值款冲销预充值款	借：银行存款　536 000 　贷：其他应收款　536 000	不作处理
根据学校决定对未报到学生的校园卡进行销卡	借：其他应付款　40 000 　贷：其他应收款　40 000	不作处理

（四）核对银行回单和一卡通系统入账明细，按银行回单入账，将已扣款但未成功充值到校园卡的部分挂账，通知学生办理退款

案例 10－15：2×19 年 3 月 20 日，银行回单显示，当日校园卡全校共计充值 253 500 元。经与信息中心校园一卡通系统对账，发现一卡通系统当日充值款为 253 300 元，已成功扣款但未成功充值 200 元。信息中心通知未成功充值学生凭证明材料办理退款手续，银行存款支付退款 200 元。

经济业务	财务会计账务处理	预算会计账务处理
根据银行回单和校园卡系统报表入账	借：银行存款 253 500 贷：其他应付款 253 300 其他应付款——应退 200	不作处理
学生根据银行充值记录到一卡通中心办理退款	借：其他应付款——应退 200 贷：银行存款 200	不作处理

（五）与校内后勤服务公司、医务所、图书馆等各个消费点办理结算校园卡营业款

案例 10－16：2×19 年 4 月 2 日，江东大学信息中心通过校园卡系统月报表，显示 3 月校内营业网点用校园卡消费合计金额为 2 125 797 元，学生购电费款 27 895 元。财务部门据此办理相关营业网点营业款结算手续。

经济业务	财务会计账务处理	预算会计账务处理
根据校园卡月报表进行相关部门的结算	借：其他应付款 2 153 692 贷：银行存款 2 125 797 其他收入 27 895	借：资金结存——货币资金 27 895 贷：其他预算收入 27 895

（六）遗失校园卡的挂失补办

案例 10－17：2×19 年 3 月 30 日江东大学 A 学生遗失校园卡，到校园卡中心办理挂失补办手续，支付办卡工本费 20 元。30 日下午，校园卡中心人员将 30 日收取的办卡工本费 200 元交到财务部门。

经济业务	财务会计账务处理	预算会计账务处理
校园卡中心交办卡工本费 200 元	借：库存现金 200 贷：其他收入 200	借：资金结存——货币资金 200 贷：其他预算收入 200

（七）毕业生离校校园卡销户退款

案例 10－18：2×19 年 6 月 30 日，2×19 届毕业生即将离校，校园卡中心根据毕业生名单办理校园卡销户和卡内存款批量退款至毕业生银行卡共计 283 930 元。

经济业务	财务会计账务处理	预算会计账务处理
根据毕业生名单办理校园卡销户并退款	借：其他应付款 283 930 贷：银行存款 283 930	不作处理

（八）校园卡卡机的更新和维护

案例 10－19： 2×19 年 4 月 2 日，江东大学校园卡管理中心根据反映，对发生故障的校园卡圈存机请设备供应商进行维修，发生维修费 2 000 元，款项通过财政授权支付方式支付。

经济业务	财务会计账务处理	预算会计账务处理
维修圈存机	借：业务活动费用——教育费用——商品和服务费用 2 000 贷：零余额账户用款额度 2 000	借：事业支出——教育支出——商品和服务支出 2 000 贷：结存资金——零余额账户用款额度 2 000

第十一章

债务管理

本章内容简介：

在政府财政支持力度及高校自身筹资不足的情况下，为满足高校在建设发展过程中的资金需求，高校在主管部门和财政部门联合审批的贷款额度内向银行或其他金融机构借入周转资金。本章主要介绍高校向银行或其他金融机构借入款项的经济业务核算，不包括占用其他限定用途资金而形成的内部债务。

第一节　短期借款

一、概述

短期借款是指高校经批准向银行或其他金融机构等借入的期限在1年内（含1年）的各种借款。其他如存入保证金、收取的押金等，属于其他应付款项。

二、账务处理

短期借款应按债权人和借款种类进行明细核算。

借入各种短期借款，财务会计按实际借入的金额，借记“银行存款”，贷记“短期借款”；预算会计按实际借入的金额，借记“资金结存”，贷记“债务预算收入”。

银行承兑汇票到期，单位无力支付票款的，财务会计按应付票据的账面余额，借记“应付票据”，贷记“短期借款”；预算会计不作处理。

计提借款利息支出，财务会计借记“其他费用”，贷记“应付利息”；预算会计不作处理。

实际支付贷款利息支出，财务会计借记“应付利息”，贷记“银行存款”；预算会计借记“其他支出”，贷记“资金结存”。

实际归还借款，财务会计借记“短期借款”，贷记“银行存款”；预算会计借记“债务还本支出”，贷记“资金结存”。

（一）借入款项

1. 向金融机构借入款项

案例 11－1：江东大学因日常周转需要，于 2×19 年 4 月 1 日向建设银行借入人民币贷款 2 000 万元，期限 1 年。

经济业务	财务会计账务处理	预算会计账务处理
向建行借入款项	借：银行存款　20 000 000 　贷：短期借款——建行　20 000 000	借：资金结存——货币资金　20 000 000 　贷：债务预算收入　20 000 000

2. 银行承兑汇票到期，无力支付票款

案例 11－2：江东大学于 2×19 年 11 月 5 日开出的购买经营用材料的建行银行承兑汇票 1 000 万元，期限 3 个月，2 月 5 日到期，无力支付票款。

经济业务	财务会计账务处理	预算会计账务处理
无力支付到期的银行承兑汇票	借：应付票据——建行　10 000 000 　贷：短期借款——建行　10 000 000	借：经营支出　10 000 000 　贷：债务预算收入　10 000 000

注：这种情况属于违约，银行一般不同意转为贷款。

（二）计提利息

1. 合同约定按月付息。直接按银行每月扣的利息作为费用支付，财务会计借记“其他费用”，贷记“银行存款”；预算会计借记“其他支出”，贷记“资金结存”。

2. 合同约定到期还本付息。每月计提利息，借记“其他费用”，贷记“应付利息”；预算会计不作处理。

案例 11－3：江东大学因日常周转需要，2×19 年 4 月 1 日向建设银行借入人民币贷款 2 000 万元，期限 1 年，年利率 4.35%，约定到期还本付息。

经济业务	财务会计账务处理	预算会计账务处理
每月计提利息	借：其他费用——利息费用　72 500 　贷：应付利息——建行　72 500	不作处理

（三）支付利息

1. 合同约定按月付息

案例 11－4：江东大学因日常周转需要，2×19 年 4 月 1 日向银行借入人民币贷款 2 000 万元，期限 1 年，年利率 4.35%，约定按月付息。

经济业务	财务会计账务处理	预算会计账务处理
每月支付利息	借：其他费用——利息费用　72 500 　贷：银行存款　72 500	借：其他支出——利息支出　72 500 　贷：资金结存——货币资金　72 500

2. 合同约定到期付息

案例 11－5：江东大学因日常周转需要，于 2×19 年 4 月 1 日向建设银行借入人民币贷款 2 000 万元，期限 1 年，年利率 4.35%，约定到期还本付息。

经济业务	财务会计账务处理	预算会计账务处理
到期支付利息	借：应付利息——建行 797 500 其他费用——利息费用 72 500 贷：银行存款 870 000	借：其他支出——利息支出 870 000 贷：资金结存——货币资金 870 000

（四）归还借款

案例 11－6：2×19 年 4 月 1 日借入的建行 1 年期贷款 2 000 万元到期偿还。

经济业务	财务会计账务处理	预算会计账务处理
到期偿还本金	借：短期借款——建行 20 000 000 贷：银行存款 20 000 000	借：债务还本支出 20 000 000 贷：资金结存——货币资金 20 000 000

第二节 长期借款

一、概述

长期借款是指高校经批准向银行或其他金融机构等借入的期限超过 1 年（不含 1 年）的各种借款。融资租赁方式取得固定资产应付的租赁费属于长期应付款项。

二、账务处理

长期借款应设置“本金”和“应计利息”明细科目，并按债权人和贷款种类进行明细核算。如果是建设项目借款，还应按具体项目进行明细核算。

发生借入款项，财务会计按实际借入金额，借记“银行存款”，贷记“长期借款——本金”；预算会计借记“资金结存”，贷记“债务预算收入”。

建设项目借款的借款利息，发生按期计提，分别情况处理：

属于工程建设期间发生的利息，计入工程成本，按计算确定的应支付利息金额，财务会计借记“在建工程”，贷记“应付利息”。

属于工程项目完工交付使用后发生的利息，计入当期费用，按计算确定的应支付利息金额，财务会计借记“其他费用”，贷记“应付利息”。按期计提其他长期借款的利息，按照计算确定的应支付利息金额，借记“其他费用”，贷记“应付利息”（分期付息，到期还本借款的利息）或“长期借款——应计利息”（到期一次还本付息借款的利息）。计提利息预算会计不作处理。

到期还本付息，财务会计借记“长期借款——本金”“长期借款——应计利息”，贷记“银行存款”；预算会计借“其他支出”“债务还本支出”，贷记“资金结存”。

（一）借入款项

案例 11－7：江东大学于 2×19 年 4 月 1 日向建设银行借入贷款 5 000 万元，期限 3

年，年利率4.75%。

经济业务	财务会计账务处理	预算会计账务处理
向银行借入贷款	借：银行存款　50 000 000 　贷：长期借款——本金　50 000 000	借：资金结存——货币资金　50 000 000 　贷：债务预算收入　50 000 000

（二）计提利息

1. 建设项目借款在建设期间发生的利息

案例11－8：江东大学于2×19年4月1日向建设银行借入贷款5 000万元，期限3年，年利率4.75%，所借资金用于教学楼建设。

经济业务	财务会计账务处理	预算会计账务处理
按月计提到期还本	借：在建工程——待摊投资　197 916.67 　贷：应付利息——建行　197 916.67	不作处理
到期还本付息，每月计提利息	借：在建工程——待摊投资　197 916.67 　贷：长期借款——应计利息——建行 197 916.67	不作处理

2. 建设项目借款在项目完工交付使用后发生的利息

案例11－9：江东大学于2×19年4月1日向建设银行借入贷款5 000万元，期限3年，年利率4.75%，工程项目已完工交付使用。

经济业务	财务会计账务处理	预算会计账务处理
按月计息到期还本	借：其他费用——利息费用　197 916.67 　贷：应付利息——建行　197 916.67	不作处理
到期还本付息，每月计提利息	借：其他费用——利息费用　197 916.67 　贷：长期借款——应计利息——建行 197 916.67	不作处理

3. 其他长期借款发生的利息

案例11－10：江东大学于2×19年4月1日向银行借入贷款5 000万元，期限3年，年利率4.75%。

经济业务	财务会计账务处理	预算会计账务处理
按月计息到期还本	借：其他费用——利息费用　197 916.67 　贷：应付利息——建行　197 916.67	不作处理
到期还本付息，每月计提利息	借：其他费用——利息费用　197 916.67 　贷：长期借款——应计利息　197 916.67	不作处理

（三）支付利息

1. 合同约定按月付息

案例 11-11：江东大学于 2×19 年 4 月 1 日向银行借入贷款 5 000 万元，期限 3 年，年利率 4.75%，约定按月付息。

经济业务	财务会计账务处理	预算会计账务处理
每月支付利息	借：应付利息——建行 197 916.67 贷：银行存款 197 916.67	借：其他支出——利息支出 197 916.67 贷：资金结存——货币资金 197 916.67

2. 合同约定到期付息

案例 11-12：江东大学于 2×19 年 4 月 1 日向银行借入贷款 5 000 万元，期限 3 年，年利率 4.75%，到期付息。

经济业务	财务会计账务处理	预算会计账务处理
到期支付利息	借：长期借款——应计利息 7 125 000 贷：银行存款 7 125 000	借：其他支出——利息支出 7 125 000 贷：资金结存——货币资金 7 125 000

（四）归还借款

案例 11-13：江东大学于 2×19 年 4 月 1 日向银行借入贷款 5 000 万元，期限 3 年，年利率 4.75%，2×22 年 3 月 31 日到期还本。

经济业务	财务会计账务处理	预算会计账务处理
到期偿还本金	借：长期借款——本金 50 000 000 贷：银行存款 50 000 000	借：债务还本支出 50 000 000 贷：资金结存——货币资金 50 000 000

第十二章

对外投资

本章内容简介：

高等学校的对外投资是指高校按照规定以货币资金、实物、无形资产等方式形成的债权或股权投资。按照投资期限分类，对外投资可分为短期投资和长期投资，长期投资又可以分为长期股权投资和长期债权投资。

高校在保证学校正常运转和事业发展的前提下，依法利用货币资金、实物、无形资产等方式进行投资。土地使用权、财政拨款及结余、学费及住宿费、贷款和维持学校正常运转、保证事业发展任务的房屋、设施、设备等资产不得用于对外投资。高等学校不得从事股票、期货、基金、企业债券等投资。高等学校以实物或者无形资产等非货币性资产对外进行投资的，应当按照国家有关规定进行资产评估，合理确定资产价值。

高等学校投资对象包括但不限于从事生产、经营、科技及劳动服务等活动的经济实体，依资本投入占比及控制权大小可划分为全资企业、控股企业、参股企业等，由此产生的对外投资收益应当纳入学校预算，进行统一核算、统一管理。

第一节　短期投资

一、概述

高校短期投资主要指高等学校按照规定取得的、持有时间不超过1年（含1年）的投资，主要有短期国债投资。

短期国债是中央政府为筹集财政资金而发行的期限不超过1年（含1年）的短期政府债券，是中央政府向投资者出具的、承诺在一定时期支付利息和到期偿还本金的债权债务凭证。从债券形式来看，可分为凭证式国债、无记名（实物）国债和记账式国债三种；从是否可上市交易分为可上市国债与不可上市国债。凭证式国债不可上市流通，无记名（实物）国债与记账式国债可上市流通。

二、账务处理

（一）初始计量

按照取得短期投资的实际成本（包括购买价款以及税金、手续费等相关税费）作为投资成本，财务会计借记“短期投资”，贷记“银行存款”“库存商品”“固定资产”“无形资产”及“应交增值税”等科目；预算会计依实际支付金额，借记“投资支出”，贷记“资金结存——货币资金”等科目。

（二）收到购买时已到付息期但尚未领取的利息

按照实际收到的金额，财务会计借记“银行存款”，贷记“短期投资”。预算会计借记“资金结存——货币资金”，贷记“投资支出”。

（三）收到持有期间利息

按实际收到的金额，财务会计借记“银行存款”，贷记“投资收益”；预算会计借记“资金结存——货币资金”，贷记“投资预算收益”。

（四）出售或到期收回本息

按照实际收到的金额，财务会计借记“银行存款”（实收金额）“投资收益”（借差），贷记“短期投资”（账面余额）“投资收益”（贷差）；预算会计借记“资金结存——货币资金”（实收金额）“投资预算收益”（实收款小于投资成本的差额），贷记“投资支出”（出售或收回当年投资）“其他结余”（出售或收回以前年度投资）“投资预算收益”（实收款大于投资成本的差额）

“短期投资”科目期末借方余额，反映高等学校持有的短期投资成本。

注意事项：

除利息收入以外的短期投资收益应按照依国家税法规定缴纳增值税及所得税，此处暂不考虑。

案例 12－1：江东大学 2×19 年 1 月 28 日用银行存款购入面值 1 500 万元的 1 年期凭证式国债，国债发行期间为 2×19 年 2 月至 2×20 年 1 月，国债票面年利率为 3%，2×20 年 1 月 31 日到期收到本息 1 545 万元。

经济业务	财务会计账务处理	预算会计账务处理
2×19 年 1 月 28 日取得	借：短期投资 15 000 000 贷：银行存款 15 000 000	借：投资支出 15 000 000 贷：资金结存——货币资金 15 000 000
2×20 年 1 月 31 日出售	借：银行存款 15 450 000 贷：短期投资 15 000 000 投资收益 450 000	借：资金结存——货币资金 15 450 000 贷：投资支出 15 000 000 投资预算收益 450 000

案例 12－2：江东大学 2×19 年 4 月 1 日用银行存款 3 015 万元购入面值 3 000 万元的 1 年期记账式国债，国债发行期间为 2×19 年 2 月—2×20 年 1 月，国债票面年利率为 3%，2×19 年 12 月 31 日出售收取价款 3 082 万元。

经济业务	财务会计账务处理	预算会计账务处理
2×19 年 4 月 1 日取得	借：短期投资 30 150 000 贷：银行存款 30 150 000	借：投资支出 30 150 000 贷：资金结存——货币资金 30 150 000

续表

经济业务	财务会计账务处理	预算会计账务处理
2×19 年 12 月 31 日出售	借：银行存款　30 820 000 　贷：短期投资　30 150 000 　　投资收益　670 000	借：资金结存——货币资金　30 820 000 　贷：投资支出　30 150 000 　　投资预算收益　670 000

第二节　长期债权投资

一、概述

高校长期债权投资主要指高等学校按照规定取得的，持有时间超过 1 年（不含 1 年）的债券投资，主要有中期及长期国债投资。

中长期国债中央政府为筹集财政资金而发行的期限超过 1 年（不含 1 年）的中期或长期政府债券，是中央政府向投资者出具的、承诺在一定时期支付利息和到期偿还本金的债权债务凭证。依债券形式来看，可分为凭证式国债、无记名（实物）国债和记账式国债三种，依是否可上市交易分为可上市国债与不可上市国债。凭证式国债不可上市流通，无记名（实物）国债与记账式国债可上市流通。

二、账务处理

（一）初始计量

按照长期债权投资的实际成本（包括购买价款以及税金、手续费等相关税费）作为初始投资成本，已到付息期尚未领取的利息单独核算，财务会计借记“长期债券投资——成本”“应收利息”（已到付息期尚未领取的利息），贷记“银行存款”“库存商品”“固定资产”“无形资产”及“应交增值税”等科目；预算会计依实际支付金额（含已到付息期尚未领取的利息），借记“投资支出”，贷记“资金结存——货币资金”等科目。

（二）按期确认利息收益

按照票面金额与票面利率计算确认利息收入，依照不同的利息支付方式核算：

1. 到期一次还本付息方式

财务会计借记“长期债券投资——应计利息”，贷记“投资收益”；预算会计不作处理。

2. 分期付息、到期一次还本方式

财务会计借记“应收利息”，贷记“投资收益”；预算会计不作处理。

（三）收到购买时已到付息期尚未领取的利息

财务会计借记“银行存款”，贷记“应收利息”；预算会计借记“资金结存——货币资金”，贷记“投资支出”。

（四）收到分期付息方式的利息

财务会计借记“银行存款”，贷记“应收利息”；预算会计借记“资金结存——货币资金”，贷记“投资预算收益”。

（五）到期收回投资本息

1. 到期一次还本付息国债

财务会计借记“银行存款”等科目，贷记“长期债权投资——成本”（账面余额）“长期债权投资——应计利息”（账面余额）“投资收益”（贷差）等科目；预算会计借记“资金结存——货币资金”，贷记“投资支出”（当年投资成本）“其他结余”（以前年度投资成本）“投资预算收益”等科目。

2. 分期付息国债

财务会计借记“银行存款”等科目，贷记“应收利息”（账面余额）“长期债权投资——应计利息”（账面余额）“投资收益”（贷差）等科目；预算会计借记“资金结存——货币资金”（实际收到金额），贷记“投资支出”（当年投资成本）“其他结余”（以前年度投资成本）“投资预算收益”等科目。

（六）对外出售长期国债投资

1. 到期一次还本付息国债

财务会计借记“银行存款”“投资收益”（借差）等科目，贷记“长期债权投资——成本”（账面余额）“长期债权投资——应计利息”（账面余额）“投资收益”（贷差）；预算会计借记“资金结存——货币资金”“投资预算收益”（借差），贷记“投资支出”（当年投资成本）“其他结余”（以前年度投资成本）“投资预算收益”（贷差）。

2. 分期付息国债

财务会计借记“银行存款”“投资收益”（借差）等科目，贷记“应收利息”（账面余额）、“长期债权投资——应计利息”（账面余额）、“投资收益”（贷差）；预算会计借记“资金结存——货币资金”（实际收到金额）、“投资预算收益”（借差），贷记“投资支出”（当年投资成本）、“其他结余”（以前年度投资成本）、“投资预算收益”（贷差）。

“长期债权投资”期末借方余额，反映高等学校持有的长期债权成本。

注意事项：

除利息收入以外的投资收益应按照国家税法规定缴纳增值税及所得税，此处暂不考虑。

案例 12-3：江东大学 2×19 年 2 月 26 日用银行存款购入面值 2 000 万元的 3 年期记账式国债，同时支付相关税费 18 万元。国债发行期间为 2×19 年 3 月—2×22 年 2 月，国债票面年利率为 4.5%，按季付息，2×19 年 6 月 2 日收取第一期季息 22.5 万元，2×22 年 3 月 3 日收到国债本息 2 022.5 万元。

经济业务	财务会计账务处理	预算会计账务处理
2×19年2月26日取得投资	借：长期债权投资 20 180 000 贷：银行存款 20 180 000	借：投资支出 20 180 000 贷：资金结存——货币资金 20 180 000
2×19年5月31日确认利息收益	借：应收利息 225 000 贷：投资收益 225 000	不作处理
2×19年6月2日收取利息	借：银行存款 225 000 贷：应收利息 225 000	借：资金结存——货币资金 225 000 贷：投资预算收益 225 000
2×22年3月3日收到国债本息	借：银行存款 20 225 000 贷：长期债权投资 20 180 000 投资收益 45 000	借：资金结存——货币资金 20 225 000 贷：其他结余 2 0 180 000 投资预算收益 45 000

案例 12－4：江东大学2×19年6月28日用银行存款1 008万元购入面值1 000万元的5年期记账式国债，支付价款中包含25.5万元利息和相关税费，国债发行期间为2×19年1月至2×24年12月，国债票面年利率为5.1%，到期一次还本付息，因资金紧张，该校于2×24年1月3日出售，收到价款1 180万元。

经济业务	财务会计账务处理	预算会计账务处理
2×19年6月28日取得投资	借：长期债权投资——成本 9 825 000 应收利息 255 000 贷：银行存款 10 080 000	借：投资支出 10 080 000 贷：资金结存——货币资金 10 080 000
2×19年12月31日确认利息收益	借：长期债权投资——应计利息 255 000 贷：投资收益 255 000	不作处理
2×20年至2×22年每年末确认利息收益	借：长期债权投资——应计利息 510 000 贷：投资收益 510 000	不作处理
2×24年1月3日出售国债收取价款	借：银行存款 11 800 000 投资收益 65 000 贷：长期债权投资——成本 9 825 000 长期债权投资——应计利息 1 785 000 应收利息 255 000	借：资金结存——货币资金 11 800 000 贷：其他结余 10 080 000 投资预算收益 1 720 000

第三节 长期股权投资

一、概述

《政府会计准则第2号——投资》规定：长期股权投资在持有期间，通常应当采用权益法进行核算。政府会计主体无权决定被投资单位的财务和经营政策或无权参与被投资单位的财务和经营政策决策的，应当采用成本法进行核算。

根据中央深改委《高等学校所属企业体制改革的指导意见》等要求，全面清理和规范高校所属企业；高校集中精力办学、实现内涵式发展。本章节以权益法为例，简单介绍高校的长期股权投资核算。

高等学校股权投资指高校按照规定取得的，持有时间超过1年（不含1年）的股权性质的投资。

权益法核算主要原则是：

1. 取得长期股权投资，应当按照实际成本核算作为初始投资成本核算。

2. 取得长期股权投资后，学校根据被投资单位所有者权益的变动进行投资的账面余额调整。

3. 确认被投资单位发生的净亏损，应当以长期股权投资的账面余额减记至零为限，高校负有承担额外损失义务的除外。被投资单位发生净亏损，但以后年度又实现净利润的，高校应当在其收益分享额弥补未确认的亏损分担额等后，恢复确认投资收益。

4. 因被投资单位除净损益和利润分配以外的所有者权益变动而将应享有的份额计入净产的，处置该项投资时，还应当将原计入净资产的相应部分转入当期投资损益。

二、账务处理

（一）取得长期股权投资的初始计量

1. 以货币资金取得的长期股权投资

其成本按照实际支付的全部价款（包括购买价款以及税金、手续费等相关税费）确定。财务会计借记“长期股权投资——成本”“应收股利”（已宣告尚未发放的股利或利润），贷记“银行存款”；预算会计借记“投资支出”（实际支付的全部价款），贷记“资金结存——货币资金”。

2. 以现金以外的其他资产置换取得的长期股权投资

其成本按照换出资产的评估价值加上支付的补价或减去收到的补价，加上换入长期股权投资的其他相关支出确定。账务处理参照库存物品中置换取得库存物品的账务处理原则。

3. 接受捐赠的长期股权投资

其成本按照有关凭据注明的金额加上相关税费确定；没有相关凭据可供取得，按规定经过资产评估的，其成本按照预定时间评估价值加上相关税费确定；没有相关凭据可供取得、也未经资产评估的，其成本比照同类或类似资产的市场价格加上相关税费确定。财务会计借记“长期股权投资”，贷记“银行存款”（实付的税费及其他）、“捐赠收入”（贷差）；预算会计借记“其他支出”（实付税费等），贷记“资金结存——货币资金”。

4. 无偿调入的长期股权投资

按照调出方账面价值加上相关税费等其他支出确定投资成本，财务会计借记“长期股权投资”，同时依投资方式选择“投资方式”项目中的“无偿调入”明细项目，借记“应收股利”（已宣告尚未发放的股利或利润），贷记“银行存款”（实付税费及其他）、“应交增值税——应交税金——销项税额”及“其他应交税费”等往来科目、“无偿调拨净资产”（贷差）；预算会计借记“其他支出”（实付税费等），贷记“资金结存——货币资金”。

（二）持有长期股权投资期间

1. 被投资单位实现净利润、净亏损或净亏转盈

按照应享有或应分担的被投资单位实现的净损益的份额，确认为投资损益，同时，调整长期股权投资的账面余额。实现净利润，按照其份额财务会计借记“长期股权投资——损益调整”，贷记“投资收益”；发生净亏损时，借记“投资收益”，贷记“长期股权投资——损益调整”；发生净亏损，但以后年度又实现净利润的，按规定恢复确认投资收益，借记“长期股权投资——损益调整”，贷记“投资收益”；预算会计不作处理。

2. 被投资单位宣告发放现金股利或利润

按照其份额，财务会计借记“应收股利”，贷记“长期股权投资——损益调整”；预算会计不作处理。

3. 被投资单位除净损益和利润分配以外的所有者权益变动

按照其份额，财务会计借记“长期股权投资——其他权益变动”，贷记“权益法调整”；或借记“权益法调整”，贷记“长期股权投资——其他权益变动”；预算会计不作处理。

4. 收到取得投资时已宣告但尚未发放的股利或利润

按照实际收到的金额，财务会计借记“银行存款”，贷记“应收股利”；预算会计借记“资金结存——货币资金”，贷记“投资支出”等。

5. 收到持有期间的现金股利或利润

按照实际收到的金额，财务会计借记“银行存款”，贷记“应收股利”；预算会计借记“资金结存——货币资金”，贷记“投资预算收益”。

（三）出售或转让长期股权投资

1. 处置以现金取得的长期股权投资

财务会计借记“银行存款”（实际取得价款）、“投资收益”（借差），贷记“长期股权投资”（各明细科目账面余额），“应收股利”（已宣告发放尚未领取的现金股利或利润）、“银行存款”等（支付的相关税费），“投资收益”（贷差）；预算会计借记“资金结存”，贷记“投资支出”“投资预算收益”。

2. 处置以现金以外的其他资产取得的长期股权投资

（1）处置净收入上缴财政的，财务会计借记“资产处置费用”，贷记“长期股权投资”；借记“银行存款”（实际取得价款），贷记“应收股利”（已宣告发放尚未领取的现金股利或利润）、“银行存款”等（支付的相关税费）、“应缴财政款”；预算会计借记“资金结存——货币资金”，贷记“投资预算收益”（获得的现金股利或利润）。

（2）按规定投资收益纳入高校预算管理的，财务会计借记“资产处置费用”，贷记“长期股权投资”；借记“银行存款”（实际取得价款），贷记“应收股利”（已宣告发放尚未领取的现金股利或利润）、“银行存款”（支付的相关税费）、“投资收益”（取得价款扣减投资账面余额、应收股利或利润和相关税费后的差额）、“应缴财政款”（贷差）；预

算会计借记“资金结存——货币资金”（取得价款扣减投资账面余额和相关税费后的差额），贷记“投资预算收益”。

（四）其他方式处置长期股权投资

1. 按规定核销。财务会计借记“资产处置费用”，贷记“长期股权投资”；预算会计不作处理。

2. 置换转出。参照“库存物品”科目中置换取得库存物品的账务处理。

（五）处置结转原直接计入净资产的金额

处置后结转净资产，财务会计借记“权益法调整”，贷记“投资收益”，或作相反分录；预算会计不作处理。

案例 12－5：江东大学于2×19年1月3日用银行存款800万元（含已宣告但未发放利润留成20万元）全资收购一家快捷酒店，更名为江东宾馆，江东大学有权决定江东宾馆财务和经营政策。5月3日，江东大学收到江东宾馆2×18年利润分配款20万元。2×19年末，江东宾馆2×19年度实现净利润50万元，除净损益及利润分配外的所有者权益净增加额10万元。2×20年1月10日，江东宾馆宣告分配2×19年利润30万元，2×19年除净损益及利润分配外的所有者权益净增加额10万元。2×20年4月28日，江东大学收到江东宾馆2×19年度利润分配款30万元。2×22年10月，因宾馆经营不善，学校以120万元转让，不考虑相关税费。

经济业务	财务会计账务处理	预算会计账务处理
2×19年1月3日取得投资	借：长期股权投资——成本 7 800 000 应收股利 200 000 贷：银行存款 8 000 000	借：投资支出 8 000 000 贷：资金结存——货币资金 8 000 000
2×19年5月3日收到江东宾馆2×19年度未分配利润	借：银行存款 200 000 贷：应收股利 200 000	借：资金结存——货币资金 200 000 贷：投资支出 200 000
2×19年12月31日江东宾馆实现净利润	借：长期股权投资——损益调整 500 000 贷：投资收益 500 000	不作处理
2×19年12月31日江东宾馆除净损益外的所有者权益变动	借：长期股权投资——其他权益变动 100 000 贷：权益法调整 100 000	不作处理
2×20年1月10日宣告分配2×19年利润	借：应收股利 300 000 贷：长期股权投资——损益调整 300 000	不作处理

续表

经济业务	财务会计账务处理	预算会计账务处理
2×20 年 4 月 28 日收到分配利润	借：银行存款　300 000 　贷：应收股利　300 000	借：资金结存——货币资金　300 000 　贷：投资预算收益　300 000
2×22 年 10 月处置	借：银行存款　1 200 000 　投资收益　6 900 000 　贷：长期股权投资——成本　7 800 000 　　长期股权投资——损益调整　200 000 　　长期股权投资——其他权益变动　100 000 借：权益法调整　100 000 　贷：投资收益　100 000	借：资金结存——货币资金　1 200 000 　贷：其他结余　1 200 000

案例 12－6：江东大学 2×19 年 1 月 1 日以一处闲置房对印刷厂投资，评估价值为 1 800 万元（含上年度未分配利润 25 万元）。闲置房账面价值为 2 000 万元，已计提折旧 500 万元，投资占被投资单位权益资本比例为 90%，江东大学有权参与该印刷厂的财务和经营政策决策。2×19 年 1 月 3 日江东大学收到该印刷厂发放的上年度未分配利润 25 万元。2×20 年 6 月 30 日江东大学印刷厂实现利润 50 万元，宣告分配 2×20 年上半年利润 30 万元，于 7 月 1 日将股份利润发放给江东大学。2×23 年 7 月 1 日，为了增强江东大学印刷厂自主经营能力，提升市场化专业化运营管理水平，江东大学决定将江东大学印刷厂股份出让给印刷行业龙头企业 A 股份有限公司，且处置净收入上缴财政，取得银行存款 1 900 万元（其中含已宣告未发放利润 15 万元，于 7 月 1 日发放），用银行存款支付相关税费 10 万元。

经济业务	财务会计账务处理	预算会计账务处理
2×19 年 1 月 1 日取得投资	借：长期股权投资——成本　17 750 000 　固定资产累计折旧　5 000 000 　应收股利　250 000 　贷：固定资产　20 000 000 　　其他收入　3 000 000	不作处理
2×19 年 1 月 3 日发放上年利润	借：银行存款　250 000 　贷：应收股利　250 000	借：资金结存——货币资金　250 000 　贷：其他结余　250 000
2×20 年 6 月 30 日实现股份利润	借：长期股权投资——损益调整　450 000 　贷：投资收益　450 000	不作处理
2×20 年 6 月 30 日宣告分配利润	借：应收股利　270 000 　贷：长期股权投资——损益调整　270 000	不作处理
2×20 年 7 月 1 日收到发放的利润	借：银行存款　270 000 　贷：应收股利　270 000	借：资金结存——货币资金　270 000 　贷：投资预算收益　270 000

续表

经济业务	财务会计账务处理	预算会计账务处理
2×23 年 7 月 1 日处置（上缴财政）	借：资产处置费用 18 180 000 贷：长期股权投资——成本 18 000 000 长期股权投资——损益调整 180 000 借：银行存款 19 000 000 贷：银行存款 100 000 应收股利 150 000 应缴财政款 18 750 000	借：资金结存——货币资金 150 000 贷：投资预算收益 150 000

案例 12 -7：江东大学 2×19 年 4 月，经上级部门批准，以持有 B 公司 40% 的股份与 M 公司置换一台仪器设备，换入设备市场估值约 200 万元，江东大学对 B 公司长期股权投资账面余额 300 万元，另外收到 M 公司通过银行转账补价 50 万元，江东大学支付的相关税费 30 万元。

经济业务	财务会计账务处理	预算会计账务处理
2×19 年 4 月置换取得设备	借：固定资产 2 300 000 银行存款 500 000 资产处置费用 200 000 贷：长期股权投资 3 000 000 银行存款 300 000	借：资金结存——货币资金 200 000 贷：其他支出 200 000

案例 12 -8：江东大学 2×19 年 7 月，经上级部门批准，以学校自己开发的某项科研成果（该科研成果未入账），作为对 D 公司的投资，投资持有 D 公司 40% 权益资本，有权参与 D 公司财务和经营政策决策，该项科研成果评估价值为 80 万元，江东大学以银行存款支付相关税费 5 万元。

江东大学于 2×22 年 3 月 22 日以 100 万元价格转让上述 D 公司 40% 权益资本，处置时支付相关税费 4 万元，处置收益纳入单位预算管理的。处置时，江东大学相关科目及余额：①“长期股权投资”借方余额 85 万元；②“应收股利”借方余额 10 万元；③“权益法调整”贷方余额 18 万元。

经济业务	财务会计账务处理	预算会计账务处理
2×19 年 7 月置换取得初始投资	借：长期股权投资——成本 850 000 贷：银行存款 50 000 其他收入 800 000	借：其他支出 50 000 贷：资金结存 50 000
2×22 年 3 月 22 日转让	借：资产处置费用 850 000 贷：长期股权投资 850 000 借：银行存款 1 000 000 贷：应收股利 100 000 银行存款 40 000 投资收益 10 000 应缴财政款 850 000 借：权益法调整 180 000 贷：投资收益 180 000	借：资金结存——货币资金 110 000 贷：投资预算收益 110 000

案例 12－9：2×19 年 3 月，上市公司 E 公司与江东大学签定捐资助学合同，将本公司 20% 的股份，捐赠给江东大学，并达成产学研合作意向，江东大学有权参与 E 公司财务和经营政策决策，取得投资时 E 公司可辨认净资产的公允价值为 2 000 万元，江东大学以银行存款支付相关税费 10 万元。

经济业务	财务会计账务处理	预算会计账务处理
2×19 年 3 月捐赠取得初始投资	借：长期股权投资——成本　4 100 000 　贷：银行存款　100 000 　　捐赠收入　4 000 000	借：其他支出　100 000 　贷：资金结存——货币资金　100 000

案例 12－10：2×19 年 10 月，本市 K 大学将其持有的 F 科技公司 30% 股份，无偿调拨给江东大学，K 大学对 F 科技公司的长期股权投资账面余额为 55 万元，江东大学支付相关税费 3 万元。

经济业务	财务会计账务处理	预算会计账务处理
2×19 年 10 月置换取得初始投资	借：长期股权投资——成本　580 000 　贷：银行存款　30 000 　　无偿调拨净资产　550 000	借：其他支出　30 000 　贷：资金结存——货币资金　30 000

第四节　追加投资

一、概述

高等学校对外投资产生以下变化，长期股权投资核算由成本法转为权益法。

高等学校对现有持股比例较低、不具有控制、共同控制与重大影响的被投资单位追加投资，有权决定或参与被投资单位财务和经营政策决策，投资成本的核算由成本法转为权益法。

二、账务处理

发生追加投资，财务会计借记“长期股权投资——成本”，贷记“长期股权投资（成本法下账面余额）”“银行存款”等（追加投资）；预算会计借记“投资支出（实际支付的金额）”，贷记“资金结存——货币资金”。

注意事项：

高等学校对外投资增资后，是否有权决定被投资单位财务和经营政策，是否有权参与被投资单位财务和经营政策决策是核算方法改变的前提。

案例 12－11：江东大学 2×19 年 6 月 1 日持有 N 科技公司 15% 的权益资本 505 万元，为进一步加强与 N 科技公司的产学研合作，江东大学于 7 月 1 日出资 500 万元，增持 N 科技公司 15% 的权益资本，并安排相关人员在 N 科技公司担任副总经理分管财务。至此，江东大学有权参与N科技公司的财务和经营政策决策。

经济业务	财务会计账务处理	预算会计账务处理
2×19年7月1日增资，30%权益资本核算由成本法改为权益法	借：长期股权投资——成本 10 050 000 贷：长期股权投资 5 050 000 银行存款 5 000 000	借：资本支出 5 000 000 贷：资金结存——货币资金 5 000 000
2×19年2月1日宣告分配2×19年18%股份利润	借：应收股利 24 000 贷：长期股权投资 24 000	不作处理
2×19年2月20日实际分配	借：银行存款 24 000 贷：应收股利 24 000	借：资金结存——货币资金 24 000 贷：其他结余 24 000

第十三章

基本建设

本章内容简介：

高校基本建设是指高校根据教学科研事业发展需要进行的新建、续建、改扩建、迁建、大型维修改造工程及相关工作。本章将按照高校新建基本建设项目的流程，从资金筹集、费用支付、押金、保证金收退、工程款支付、工程材料、工程设备、工程结算、建设支出核销、间接费用摊销、往来清理、工程竣工财务决算办理、尾款支付等环节入手，介绍了新制度下基本建设项目的主要账务处理。改扩建工程的账务处理参见大型修缮章节内容。

第一节　基本建设资金筹集

一、概述

省属高校基本建设资金主要收入来源：省财政预算拨款（省直发展专项资金）、自筹资金（单位发展专项资金）、基本建设借款、其他拨款和其他资金。

二、账务处理

收到省财政预算拨款、自筹资金、银行借款等款项，财务会计借记“零余额账户用款额度”“银行存款”等科目，贷记“财政拨款收入”“事业收入”“长期借款”等科目；预算会计借记“资金结存”科目，贷记“事业预算收入”“债务预算收入”等科目。

（一）收到国库系统拨款的核算

案例 13－1：2×19 年 3 月，省财政厅下达批复后的部门预算，江东大学国库系统收到单位发展专项（基本建设专项）资金 2 000 万元，其中，财政授权支付方式支付 600 万元，财政直接支付方式支付 1 400 万元。

经济业务	财务会计账务处理	预算会计账务处理
收到财政授权支付方式支付通知单 600 万元	借：零余额账户用款额度　6 000 000 　贷：事业收入　6 000 000	借：资金结存——零余额账户用款额度　6 000 000 　贷：事业预算收入　6 000 000

续表

经济业务	财务会计账务处理	预算会计账务处理
收到财政直接支付入账通知书	不作处理	不作处理

案例 13－2：江东大学 2×19 年 4 月收到主管部门文件《省属高校××基本建设补助经费》，注明总经费 1 000 万元；同时国库系统收到财政授权支付额度 300 万元，财政直接支付额度 700 万元。

经济业务	财务会计账务处理	预算会计账务处理
收到财政授权支付额度到账通知单 300 万元	借：零余额账户用款额度 3 000 000 贷：财政拨款收入 3 000 000	借：资金结存——零余额账户用款额度 3 000 000 贷：财政拨款预算收入 3 000 000
收到财政直接支付入账通知书	不作处理	不作处理

（二）收到银行专项贷款的核算

案例 13－3：江东大学 2×19 年 5 月 1 日收到专项用于 A 项目的长期基本建设借款 600 万元，该项借款期限 2 年，利率 6%，按年付息，到期还本，款项已存入工行；6 月 1 日收到专项用于 A 项目的长期基本建设借款 400 万元，该项借款期限 2 年，利率 6%，到期一次性还本付息，款项已存入工行。

经济业务	财务会计账务处理	预算会计账务处理
5 月 1 日收到长期借款 600 万元	借：银行存款——工行 6 000 000 贷：长期借款——本金 6 000 000	借：资金结存——货币资金 6 000 000 贷：债务预算收入——本金 6 000 000
6 月 1 日收到长期借款 400 万元	借：银行存款——工行 4 000 000 贷：长期借款——本金 4 000 000	借：资金结存——货币资金 4 000 000 贷：债务预算收入——本金 4 000 000

第二节　工程押金、保证金

一、概述

基本建设工程项目在招投标环节为了确保招投标的顺利进行，一般会收取一定金额的履约押金或保证金。本节所述押金、保证金不包括工程质量保证金。

二、账务处理

收到投标保证金，财务会计借记“银行存款”科目，贷记“其他应付款”科目，预算会计不作处理。投标保证金退还时，财务会计借记“其他应付款”科目，贷记“银行存款”科目，预算会计不作处理。

案例 13－4：江东大学建设 A 教学楼，4 月进行招投标，收取保证金 5 万元。

经济业务	财务会计账务处理	预算会计账务处理
收到投标保证金 5 万元	借：银行存款　50 000 　贷：其他应付款——保证金——甲单位　50 000	不作处理
退还投标保证金 5 万元	借：其他应付款——保证金——甲单位　50 000 　贷：银行存款　50 000	不作处理

第三节　工程进度款及工程结算

一、概述

工程进度款是指在施工过程中，按逐月（或形象进度、或控制界面等）完成的工程数量计算的各项费用总和。工程进度款的支付，一般是在确认计量结果后 14 天内，按当月实际完成工程数量的一定比例支付工程进度款，发包人工程进度款的支付应不低于工程价款的 60% 不高于工程价款的 90%。

工程结算指某单项工程完工，经学校校内审计或委托外审结束以后，学校财务部门根据审计报告书列示的审定价与施工单位结算工程款。

二、账务处理

发生预付工程款，财务会计借记“预付账款”，贷记“财政拨款收入”“零余额账户用款额度”“财政应返还额度”“银行存款”等科目；预算会计借记“事业支出”，贷记“财政拨款预算收入”“资金结存”等科目。确认并支付工程进度款，财务会计借记“在建工程”，贷记“财政拨款收入”“零余额账户用款额度”“财政应返还额度”“银行存款”等科目；预算会计借记“事业支出”，贷记“财政拨款预算收入”“资金结存”等科目。结算工程款，财务会计借记“在建工程”，贷记“应付账款”“长期应付款”“预付账款”“财政拨款收入”等科目；预算会计在确认工程审定金额时不作处理。

（一）工程预付款

案例 13－5：江东大学 2×18 年 12 月 1 日立项建设 A 基本建设工程项目，2×19 年 1 月 1 日签订工程土建施工承包合同，合同总金额 3 000 万元，工程期限 1 年。工程预付工程款为合同总价款的 10%，预付工程款从第二次支付进度款时冲回，每次冲回比例为 10%。

经济业务	财务会计账务处理	预算会计账务处理
1月1日支付预付工程款300万元，其中： 财政直接支付方式支付120万元 财政授权支付方式支付90万元 以前年度财政直接支付方式支付60万元 银行存款支付30万元	借：预付账款——预付工程款——A项目 3 000 000 贷：财政拨款收入 1 200 000 零余额账户用款额度 900 000 财政应返还额度——财政直接支付 600 000 银行存款 300 000	借：事业支出——后勤保障支出——其他资本性支出 3 000 000 贷：财政拨款预算收入 1 200 000 资金结存——零余额账户用款额度 900 000 资金结存——财政应返还额度——财政直接支付 600 000 资金结存——货币资金 300 000

（二）工程进度款

案例13-6：A项目1月1日正式开工建设。江东大学于2×19年2月5日确认工程进度款300万元。根据合同约定，每次支付工程进度款按确认金额的70%支付，2月15日支付工程进度款210万元。

经济业务	财务会计账务处理	预算会计账务处理
2月5日确认应付工程进度款300万元，尚未支付	借：在建工程——建筑安装工程投资——A项目 3 000 000 贷：应付账款——应付工程款 3 000 000	不作处理
2月15日支付工程进度款210万元，其中： 财政直接支付方式支付84万元 财政授权支付方式支付63万元 以前年度财政直接支付方式支付42万元 银行存款支付21万元	借：应付账款——应付工程款 2 100 000 贷：财政拨款收入 840 000 零余额账户用款额度 630 000 财政应返还额度——财政直接支付 420 000 银行存款 210 000	借：事业支出——后勤保障支出——其他资本性支出 2 100 000 贷：财政拨款预算收入 840 000 资金结存——零余额账户用款额度 630 000 资金结存——财政应返还额度——财政直接支付 420 000 资金结存——货币资金 210 000

案例13-7：江东大学2×19年3月5日、15日分别确认、支付工程款300万元、180万元，同时冲销预付工程款30万元。

经济业务	财务会计账务处理	预算会计账务处理
3月5日确认应付工程进度款300万元，尚未支付	借：在建工程——建筑安装工程投资——A项目　3 000 000 贷：应付账款——应付工程款　3 000 000	不作处理
3月15日支付工程进度款180万元，同时冲销预付工程款30万元，其中： 财政直接支付方式支付54万元 财政授权支付方式支付63万元 以前年度财政直接支付方式支付42万元 银行存款支付21万元	借：应付账款——应付工程款　2 100 000 贷：预付账款——预付工程款——A项目　300 000 财政拨款收入　540 000 零余额账户用款额度　630 000 财政应返还额度——财政直接支付　420 000 银行存款　210 000	借：事业支出——后勤保障支出——其他资本性支出　1 800 000 贷：财政拨款预算收入　540 000 资金结存——零余额账户用款额度　630 000 资金结存——财政应返还额度——财政直接支付　420 000 资金结存——货币资金　210 000

注意事项：

1. 在达到工程施工承包合同中的约定条件时，一般预付工程款会逐步冲回，以抵销冲回当月的结算工程款，具体操作可按合同约定进行；

2. 2×19年4月至10月，每月确认、支付工程进度款时，账务处理同上。

（三）工程造价审计结算

案例13－8：A建设项目土建施工工程于2×19年10月30日提前完工，江东大学于2×19年11月15日进行工程款审计结算，30日审计完成，该工程土建施工承包合同审定总金额3 000万元，前期已按合同进度陆续支付工程款2 700万元，工程尾款待质保期满后付清，工程质保期2年。

经济业务	财务会计账务处理	预算会计账务处理
11月30日审计结算完成，确认土建施工审定金额3 000万元	借：在建工程——建筑安装工程投资——A项目　3 000 000 贷：应付账款——应付工程款　3 000 000	不作处理
12月5日扣留工程质量保证金150万元，财政直接支付方式支付剩余款项	借：应付账款——应付工程款　11 100 000 贷：长期应付款——质量保证金　1 500 000 预付账款——预付工程款——A项目　600 000 财政拨款收入　9 000 000	借：事业支出——后勤保障支出——其他资本性支出　9 000 000 贷：财政拨款预算收入　9 000 000

注意事项：

1. 质量保证期限如果不超过一年，应该用“其他应付款”科目核算，超过一年的采用“长期应付款”科目核算；

2. 关注预付账款的冲销，保证按时、足额冲销，核对审计结算时是否还有余额；

3. 支付方式的不同，对应的会计科目也不相同。

第四节　工程物资

一、概述

工程物资指高校为建设工程项目而准备的材料、设备等各种工程用物资的成本，工程物资的采购成本构成工程项目的直接建设成本。

二、账务处理

采购工程物资，财务会计借记“工程物资”等科目，贷记“应付账款”“财政拨款收入”“零余额账户用款额度”“财政应返还额度”“银行存款”等科目；预算会计借记“事业支出”科目，贷记“财政拨款预算收入”“资金结存”等科目。领用工程物资，财务会计借记“在建工程”等科目，贷记“工程物资”等科目；预算会计不作处理。

（一）工程物资的采购、领用

案例 13－9：江东大学为基本建设工程 A 项目采购工程用 B 材料 100 万元，2×19 年 2 月 5 日收到材料并验收入库，银行存款支付材料运费 10 万元，15 日支付材料款 80 万元。

经济业务	财务会计账务处理	预算会计账务处理
2 月 5 日收到工程材料并验收入库	借：工程物资——库存材料　1 000 000 贷：应付账款——应付器材款　1 000 000	不作处理
支付材料运费 10 万元	借：工程物资——库存材料　100 000 贷：银行存款　100 000	借：事业支出——后勤保障支出——其他资本性支出　100 000 贷：资金结存——货币资金　100 000
2 月 15 日支付工程材料款 80 万元，其中： 财政直接支付方式支付 32 万元 财政授权支付方式支付 24 万元 以前年度财政资金直接支付方式支付 16 万元 银行存款支付 8 万元	借：应付账款——应付器材款　800 000 贷：财政拨款收入　320 000 零余额账户用款额度　240 000 财政应返还额度——财政直接支付　160 000 银行存款　80 000	借：事业支出——后勤保障支出——其他资本性支出　800 000 贷：财政拨款预算收入　320 000 资金结存——零余额账户用款额度　240 000 资金结存——财政应返还额度——财政直接支付　160 000 资金结存——货币资金　80 000

案例 13－10：江东大学 2×19 年 3 月 1 日领用 B 材料 40 万元，7 月 1 日退回 B 材料 8 万元。

经济业务	财务会计账务处理	预算会计账务处理
3 月 1 日领用工程材料 40 万元用于 A 工程项目	借：在建工程——建筑安装工程投资——A 项目　400 000 　贷：工程物资——库存材料　400 000	不作处理
7 月 1 日退回工程材料 8 万元	借：在建工程——建筑安装工程投资——A 项目　-80 000 　贷：工程物资——库存材料　-80 000	不作处理

注意事项：1. 工程物资退库做相反分录，不涉及现金收支，预算会计不作处理；2. 工程物资的盘点与转销处理见第七节。

（二）其他工程物资的处理

为项目建设而购置，但不直接构成项目建设成本所发生的支出，例如办公生活家具器具、相关软件或软件研发、为建设项目而购置的房屋支出、土地出让金、进行可行性研究而购置的固定资产等。

案例 13－11：2×19 年 2 月 6 日，江东大学购置专用软件一套，用于工程建设使用，价值 1.8 万元，以财政直接支付方式支付；10 月末工程交付，此软件转无形资产。

经济业务	财务会计账务处理	预算会计账务处理
购置专用软件一套，用于工程建设使用	借：在建工程——其他投资　18 000 　贷：财政拨款预算收入　18 000	借：事业支出——后勤保障支出——其他资本性支出　18 000 　贷：财政拨款预算收入　18 000
10 月末将此软件转无形资产	借：无形资产　18 000 　贷：在建工程——其他投资　18 000	不作处理

第五节　工程间接费用的归集与分摊

一、概述

基本建设项目在建设期间发生的构成建设项目实际支出但不能直接计入特定单位工程或单项工程的各项间接费用和税费支出，应在建设项目办理项目竣工决算前，按照规定或合理的分配方法，分摊计入相关工程成本、在安装设备成本等。主要包括：勘察费、设计费、研究试验费、可行性研究费及项目其他前期费用；土地征用及迁移补偿费；土地使用税、耕地占用税、契税、车船税、印花税及按照规定缴纳的其他税费；项目建设管理费、代建管理费、临时设施费、监理费、招投标费、社会中介审计（审查）费及其他管理性质的费用；工程检测费、设备检验费、负荷联合试车费及其他检验检测类费用；贷款利息。

二、账务处理

归集借款利息，财务会计借记“在建工程”“其他费用”等科目，贷记“应付利息”“长期借款”等科目；预算会计不作处理。

支付借款利息，财务会计借记“应付利息”，贷记“银行存款”；预算会计借记“其他支出”科目，贷记“资金结存”科目。

发生借款归还，财务会计借记“长期借款”，贷记“银行存款”；预算会计借记“债务还本支出”“其他支出”科目，贷记“资金结存”科目。

计提项目管理费，财务会计借记“在建工程”，贷记“应付职工薪酬”“其他应交税费”“银行存款”“固定资产累计折旧”“库存物品”等科目；预算会计按实际支付金额借记“其他支出”科目，贷记“资金结存”科目。

发生项目建设间接费用，财务会计借记“在建工程”，贷记“财政拨款收入”“财政应返还额度”“其他应交税费”“银行存款”等科目；预算会计借记“事业支出”，贷记“财政拨款预算收入”“资金结存”等科目。

（一）基本建设贷款及利息

专为建设工程项目而借入的长短期借款及其利银行存款息。

案例 13 - 12：江东大学 2×19 年 5 月 1 日收到专项用于 A 项目的长期基本建设借款 600 万元，该项借款期限 2 年，利率 6%，按年付息，到期还本。

经济业务	财务会计账务处理	预算会计账务处理
在建工程期间，每月末归集借款利息	借：在建工程——待摊投资 30 000 贷：应付利息 30 000	不作处理
项目完工交付使用后 每月末归集借款利息	借：其他费用 30 000 贷：应付利息 30 000	不作处理
2×19 年末实际支付利息	借：应付利息 240 000 贷：银行存款 240 000	借：其他支出 240 000 贷：资金结存——货币资金 240 000
到期归还本金	借：长期借款——本金 6 000 000 贷：银行存款 6 000 000	借：债务还本支出——本金 6 000 000 贷：资金结存——货币资金 6 000 000

案例 13 - 13：江东大学 6 月 1 日收到专项用于 A 项目的长期基本建设借款 400 万元，该项借款期限 2 年，利率 6%，到期一次性还本付息。

经济业务	财务会计账务处理	预算会计账务处理
在建工程期间，每月末归集借款利息	借：在建工程——待摊投资 30 000 贷：长期借款——应付利息 30 000	不作处理
项目完工交付使用后，每月末归集借款利息	借：其他费用 30 000 贷：长期借款——应付利息 30 000	不作处理
到期归还本金利息	借：长期借款——本金 4 000 000 长期借款——应付利息 480 000 贷：银行存款 4 480 000	借：债务还本支出——本金 4 000 000 其他支出 480 000 贷：资金结存——货币资金 4 480 000

案例 13－14：江东大学 7 月 1 日收到为周转而借入用于 A 项目的流动资金借款 100 万元，借款期限 3 个月，利率 5%，按月付息到期还本。

经济业务	财务会计账务处理	预算会计账务处理
7 月 1 日收到流动资金借款 100 万元	借：银行存款 1 000 000 贷：短期借款 1 000 000	借：资金结存——货币资金 1 000 000 贷：债务预算收入——本金 1 000 000
7 月—9 月末，计提应付利息	借：在建工程——待摊投资 4 166.67 贷：应付利息 4 166.67	不作处理
实际支付利息	借：应付利息 4 166.67 贷：银行存款 4 166.67	借：其他支出 4 166.67 贷：资金结存——货币资金 4 166.67
9 月末偿还借款本金	借：短期借款 1 000 000 贷：银行存款 1 000 000	借：债务预算收入——本金 1 000 000 贷：资金结存——货币资金 1 000 000

注意事项：只有项目建设期间发生的利息才计入工程成本，建设期间的正确划分是项目建设成本准确核算的基础。

（二）单项或单位建设项目报废，净损失计入继续施工的工程成本

案例 13－15：2×19 年 7 月，A 项目一处隐蔽施工工程的验收不合格，经检查论证发现是因为使用的水泥不合格造成的。该水泥供应商赔偿江东大学工程损失费 10 万元，该工程返工增加支出 12 万元。

经济业务	财务会计账务处理	预算会计账务处理
7 月 3 日，该隐蔽施工工程验收不合格造成返工支出 12 万元，经批准计入继续施工工程成本	借：在建工程——待摊投资 20 000 其他应收款 100 000 贷：在建工程——建筑安装工程投资 120 000	不作处理
7 月 15 日，收到水泥供应商的赔偿款 10 万元	借：银行存款 100 000 贷：其他应收款 100 000	不作处理

注意事项：此处的现金收支未纳入预算，预算会计不作处理。

（三）项目建设管理费

案例 13－16：项目建设管理费是指项目建设单位从项目筹建之日起至办理竣工财务决算之日止发生的管理性质的支出，包括不在学校发工资的工作人员工资及相关费用、办公费、办公场地租用费、差旅交通费、劳动保护费、工具用具使用费、固定资产使用费、招募生产工人费、技术图书资料费（含软件）、业务招待费、施工现场津贴、竣工验收费等。

经济业务	财务会计账务处理	预算会计账务处理
为 A 项目长期聘请施工现场技术人员 5 人，每月末计提工资	借：在建工程——待摊投资——项目管理费 45 000 贷：应付职工薪酬 45 000 其他应交税费 600	不作处理
每月支付工资 4.5 万元	借：应付职工薪酬 45 000 贷：银行存款 45 000	借：事业支出——后勤保障支出——其他资本性支出 45 000 贷：资金结存——货币资金 45 000
江东大学基建部门为 A 项目发生差旅费、办公费、资料费等 10 万元	借：在建工程——待摊投资——项目管理费 100 000 贷：银行存款 100 000	借：事业支出——后勤保障支出——其他资本性支出 100 000 贷：资金结存——货币资金 100 000
为便于 A 项目管理，基建部门使用学校车辆一台，原值 15 万元，年折旧 1.2 万元。每月末计提折旧 0.1 万元	借：在建工程——待摊投资——项目管理费 1 000 贷：固定资产累计折旧 1 000	不作处理
基建部门领用 A 项目用工具一批价值 6 万元	借：在建工程——待摊投资——项目管理费 60 000 贷：库存物品——在库 60 000	不作处理

（四）项目建设间接费用

案例 13－17：本项指项目建设消耗的但不直接构成项目实体成本的各种间接费用，如临时设施费、监理费、招投标费及审计费、土地出让金、勘察费、设计费、检测费及各种行政税费等。

经济业务	财务会计账务处理	预算会计账务处理
以财政直接支付方式支付A项目监理费、招投标费及审计费等共计39万元	借：在建工程——待摊投资 390 000 贷：财政拨款收入 390 000	借：事业支出——后勤保障支出——其他资本性支出 390 000 贷：财政拨款预算收入 390 000
10月2日，以前年度财政直接支付方式支付A项目土地出让金400万元	借：在建工程——待摊投资 4 000 000 贷：财政应返还额度——财政直接支付 4 000 000	借：事业支出——后勤保障支出——其他资本性支出 4 000 000 贷：资金结存——财政应返还额度——财政直接支付 4 000 000
以财政直接支付方式支付A项目勘察费、设计费、检测费等共计90 000元	借：在建工程——待摊投资 90 000 贷：财政拨款收入 90 000	借：事业支出——后勤保障支出——其他资本性支出 90 000 贷：财政拨款预算收入 90 000
建设A项目发生各种税费6万元，以银行存款支付	借：在建工程——待摊投资 60 000 贷：其他应交税费 60 000 借：其他应交税费 60 000 贷：银行存款 60 000	借：事业支出——后勤保障支出——其他资本性支出 60 000 贷：资金结存——货币资金 60 000

注意事项：应缴纳的印花税无需通过其他应交税费科目核算。

（五）间接费用的摊销

本项指归集后的间接费用在工程完工后，应按照合理的分配方法分配到相关的工程成本或设备成本中。间接费用的分配方法一般有两种选择：一是实际分配率法，常用于建设工期短、能够一次性交付使用的建设项目；二是概算分配率法，常用于建设工期长、需要分批交付使用的建设项目。

分配方法	实际分配率方	概算分配率法
分配计算公式	间接费用总额÷（建筑工程+安装工程+设备投资额合计）×100%	概算中的间接费用÷（概算中建筑工程+安装工程+设备投资额合计）×100%

某项工程应分配的间接费用金额=该工程实际发生的建筑工程、安装工程、设备投资额合计金额×分配率

案例13-18：12月5日，A项目所有单位工程审计结算完成，江东大学采用实际分配率法分配间接费用400万元计入A项目建设成本。

经济业务	财务会计账务处理	预算会计账务处理
分配间接费用	借：在建工程——建筑安装工程投资 4 000 000 贷：在建工程——待摊投资 4 000 000	不作处理

注意事项：间接费用的摊销方法按照新制度的要求有两种选择，实际分配率和概算分配率，一经选择确定不能随意更改。

第六节 工程竣工财务决算

一、概述

基本建设项目完工或者试运行合格后，应当编报竣工财务决算转固定资产后方可投入使用。编制项目竣工财务决算前，应当对各项工程物资进行盘点核实，做到账账相符。应变价处理的库存设备、材料以及应处理的自用固定资产要公开变价处理，不得侵占、挪用。

二、账务处理

工程物资盘点，根据盘点情况，财务会计借记“在建工程”“库存物品”“其他应收款”等科目，贷记“工程物资”等科目；预算会计不作处理。

转入固定资产，财务会计借记“固定资产”，贷记“在建工程”；预算会计不作处理。

（一）工程物资的盘点与转销

案例13-19：江东大学9月末盘点工程材料盘亏5万元，10月末工程完工后，剩余15万元转库存材料。

经济业务	财务会计账务处理	预算会计账务处理
9月末盘点，材料盘亏5万元，经查为库管员管理疏忽所致，库管员赔偿损失3万元	借：在建工程——待摊投资 20 000 其他应收款 30 000 贷：工程物资——库存材料 50 000	不作处理
9月15日收到赔偿款存银行	借：银行存款 30 000 贷：其他应收款 30 000	不作处理
10月末将剩余15万元工程材料转库存	借：库存物品——在库 150 000 贷：工程物资——库存材料 150 000	不作处理

注意事项：工程材料盘盈、盘亏、报废、毁损，减去保险公司、过失人赔偿部分后的差额，计入或冲减所建工程项目的成本。

（二）不需要安装的设备或达不到固定资产标准的工器具处理

案例13-20：江东大学10月末，工程竣工后，盘点达不到固定资产标准的工程剩余的工器具5万元，转库存材料。

经济业务	财务会计账务处理	预算会计账务处理
10月末盘点，达不到固定资产标准的工器具5万元	借：库存物品——在库　50 000 　贷：在建工程——设备投资　50 000	不作处理

（三）转出产权不归属于学校的专用设施

案例13－21：江东大学10月末，将为教职工公寓配套建设的幼儿园转交相关部门，价值300万元。

经济业务	财务会计账务处理	预算会计账务处理
将教职工公寓配套建设的幼儿园转交相关部门，价值300万元	借：在建工程——基建转出投资 　3 000 000 　贷：在建工程——建筑安装工程投资 　3 000 000 借：无偿调拨净资产　3 000 000 　贷：在建工程——基建转出投资 　3 000 000	不作处理

（四）转出为项目建设而购置但不直接构成项目建设成本的支出

案例13－22：江东大学在A建设项目竣工财务决算前清理发现，A项目的网络交换系统需要单独计价、单独管理，价值20万元。

经济业务	财务会计账务处理	预算会计账务处理
A项目的网络交换系统做转出投资，价值20万元	借：固定资产　200 000 　贷：在建工程——其他投资　200 000	不作处理

（五）办理资产入库手续

案例13－23：江东大学10月末，A建设项目交付使用，办理固定资产入库手续，项目总价值4 000万元。

经济业务	财务会计账务处理	预算会计账务处理
办理固定资产入库手续，项目总价值4 000万元	借：固定资产　40 000 000 　贷：在建工程——建筑安装工程投资 　32 000 000 　在建工程——设备投资　8 000 000	不作处理

第七节　工程尾款和质保金

一、概述

高校基本建设工程在交付使用后，出于谨慎性原则一般建设单位都留有质量保证金，在质保期结束后无息退还施工单位。

二、账务处理

发生支付暂存工程款，财务会计借记“应付账款”科目，贷记“财政拨款收入”等科目；预算会计借记“事业支出”科目，贷记“财政拨款预算收入”等科目。

发生支付工程质量保证金，财务会计借记“长期应付款”科目，贷记“银行存款”“财政拨款收入”等科目；预算会计借记“事业支出”科目，贷记“资金结存”“财政拨款预算收入”等科目。

（一）支付工程暂存款

案例13－24：江东大学10月末，支付工程暂存款40万元。

经济业务	财务会计账务处理	预算会计账务处理
支付工程暂存款40万元	借：应付账款——应付工程　40 000 000 贷：财政拨款收入　40 000 000	借：事业支出——后勤保障支出——其他资本性支出　40 000 000 贷：财政拨款预算收入　40 000 000

（二）工程质量保证金的处理

案例13－25：江东大学A建设项目交付使用后，在工程质保期内发生维修费用53 000元（属工程质保范围），质保期结束无其他问题，无息退还扣留的质保金余额。

经济业务	财务会计账务处理	预算会计账务处理
工程门窗发生维修费用53 000元，银行存款支付	借：长期应付款　53 000 贷：银行存款　53 000	借：事业支出——后勤保障支出——其他资本性支出　53 000 贷：资金结存——货币资金　53 000
质保期到期，退还扣留的质保金余额144.7万元，财政直接支付	借：长期应付款　1 447 000 贷：财政拨款收入　1 447 000	借：事业支出——后勤保障支出——其他资本性支出　1 447 000 贷：财政拨款预算收入　1 447 000

第八节　未形成资产的基本建设支出

一、概述

高校基本建设发生的江河清障、校区绿化、项目取消前发生的前期费用、项目整体报废等不能形成资产部分的基建投资支出。此部分关键点为不能形成资产，即所有不能形成资产的基建投资支出做待核销基本建设支出核算。

二、账务处理

归集环节对于费用发生时就明确无法形成资产的，财务会计直接借记“在建工程”，贷记“零余额账户用款额度”“银行存款”等科目；预算会计借记“事业支出”，贷记“财政拨款预算收入”“资金结存”等科目。

归集环节对于费用发生后才明确无法形成资产的，财务会计借记“在建工程——待核销基建支出”，贷记“在建工程——建筑安装工程投资”等科目；预算会计不作处理。

批准核销环节，财务会计借记“资产处置费用”，贷记“在建工程”；预算会计不作处理。

（一）校园绿化、河道清理等发生时就确定不能形成资产的支出

案例 13－26：江东大学建设工程 A 项目区内有人工景观湖一座，建设期间为保持建筑风格的协调，2×19 年 7 月 4 日发生修整人工湖支出 75 万元。

经济业务	财务会计账务处理	预算会计账务处理
用以前年度财政直接支付方式支付人工湖清理费用 75 万元	借：在建工程——待核销基建支出　750 000 　贷：财政应返还额度——财政直接支付　750 000	借：事业支出——后勤保障支出——其他资本性支出　750 000 　贷：资金结存——财政应返还额度——财政直接支付　750 000

（二）建设项目取消，仅发生可行性研究费等前期支出

案例 13－27：江东大学在建设 A 项目前，曾计划建设 C 项目——教学楼，并支付可行性研究 8 万元。后经论证最终决定建设学生公寓，因此重新进行了项目规划和可行性设计。

经济业务	财务会计账务处理	预算会计账务处理
2×18 年 10 月 5 日，财政授权支付教学楼可行性研究费 8 万元	借：在建工程——待摊投资　80 000 　贷：零余额账户用款额度　80 000	借：事业支出——后勤保障支出——其他资本性支出　80 000 　贷：资金结存——零余额账户用款额度　80 000

续表

经济业务	财务会计账务处理	预算会计账务处理
2×18年10月24日，建设项目C取消	借：在建工程——待核销基建支出 80 000 贷：在建工程——待摊投资 80 000	不作处理

（三）建设项目整体报废（由于自然灾害等原因）

案例13－28：2×19年9月，因遭遇特大暴雨，导致江东大学在建A项目的围墙倒塌。该围墙的建筑成本为45万元，获得建筑保险赔偿25万元，并发生清理费用等3万元。

经济业务	财务会计账务处理	预算会计账务处理
9月10日，因意外导致围墙倒塌，成本损失45万元	借：在建工程——待核销基建支出 450 000 贷：在建工程——建筑安装工程投资 450 000	不作处理
9月17日，发生清理费用等3万元	借：在建工程——待核销基建支出 30 000 贷：银行存款 30 000	不作处理
9月24日，获得建筑保险赔偿25万元，未收到赔偿款	借：其他应收款——保险赔偿 250 000 贷：在建工程——待核销基建支出 250 000	不作处理
10月2日，收到保险赔偿款25万元	借：银行存款 250 000 贷：其他应收款——保险赔偿 250 000	不作处理

注意事项：此处的现金收支未纳入预算，预算会计不作处理。

（四）待核销基建支出的转销

案例13－29：对于因为各种原因未能最终形成资产的支出，经批准后，要进行转销处理。

经济业务	财务会计账务处理	预算会计账务处理
2×19年12月25日，学校党委会审议批准上述各种待核销基本建设支出，共计106万元	借：资产处置费用 1 060 000 贷：在建工程——待核销基建支出 1 060 000	不作处理

第十四章

大型修缮

本章内容简介：

本章主要介绍高校房屋及建筑物大型修缮业务的会计核算，核算内容包括原资产转入改扩建、保证金、工程款支付、资本化利息、甲供材、审计结算、资产入库等业务。

房屋及建筑物大型修缮（以下简称大型修缮）是指对房屋及建筑物进行部分或全部的改造、翻修和维修支出。其特点是修缮费用多、间隔时间长，具有周期性。

学校的大型修缮应纳入单位建设工程项目管理，一般包括项目论证立项、建设资金筹集、项目建设施工、工程价款结算、工程完工验收、竣工财务决算等环节。

第一节　施工前期工作

一、概述

大型修缮施工前期应将原固定资产价值、已计提的折旧转入改造项目，施工前一般发生改造项目的设计费、招投标费、论证费等。

二、账务处理

（一）原资产转入改扩建项目

将原房屋建筑物的固定资产账面价值转入改扩建项目，根据固定资产的账面价值财务会计借记“在建工程”，固定资产按照已计提折旧借记“固定资产累计折旧”，根据固定资产原值贷记“固定资产”；预算会计不作处理。固定资产尚未计提折旧的，固定资产账面价值等于固定资产原值。

案例 14－1：江东大学因重点实验室升级改造，需将原 S 实验中心进行整体翻修改造，S 实验中心原值为 20 000 000 元，固定资产未计提折旧额。上年度经学校党委常委会决策，同意 S 重点实验室立项改造，经费列入 2×19 年预算，项目预算为 8 500 000 元，改造周期为四个月。2×19 年 3 月经政府建设项目招标中心招标，东华建设公司为中标方，建安工程中标合同价为 7 500 000 元，最终以审计价为准。

1. 固定资产未提折旧的账务处理

经济业务	财务会计账务处理	预算会计账务处理
将固定资产账面价值转入改扩建项目	借：在建工程——建筑安装工程投资 20 000 000 贷：固定资产 20 000 000	不作处理

2. 固定资产已计提折旧的账务处理

经济业务	财务会计账务处理	预算会计账务处理
若固定资产已计提折旧 4 000 000 元	借：在建工程——建筑安装工程投资 16 000 000 固定资产累计折旧 4 000 000 贷：固定资产 20 000 000	不作处理

（二）项目前期费用

施工前发生前期费用支出，财务会计借记“在建工程——待摊投资”等科目，贷记“财政拨款收入”“零余额账户用款额度”“银行存款”等科目；预算会计借记“事业支出——教育支出”，贷记“财政拨款预算收入”“资金结存——零余额账户用款额度”“资金结存——货币资金”等科目。

案例 14-2：经学校招标，S 重点实验室改造项目设计费为 140 000 元，用银行存款直接支付。

经济业务	财务会计账务处理	预算会计账务处理
支付项目设计费	借：在建工程——待摊投资 140 000 贷：银行存款 140 000	借：事业支出——教育支出 140 000 贷：资金结存——货币资金 140 000

第二节 施工阶段业务

一、概述

施工阶段是项目实施的最主要阶段，主要业务包括确保工期如期完成的工期保证金业务、甲供材业务、工程款结算、改扩建原资产的拆除，以及其他为项目实施而发生的其他业务等。

二、账务处理

（一）工期保证金

施工单位进场施工前，收到施工单位工期保证金，财务会计借记“银行存款”，贷记

“其他应付款”。该笔业务不涉及部门预算的现金收支，预算会计不作处理。

退还工期保证金，财务会计作相反会计分录；预算会计不作处理。

案例 14－3：东华建设 4 月 1 日进场施工，进场前需按照合同价的 5% 交纳工期保证金 375 000 元。

经济业务	财务会计账务处理	预算会计账务处理
收到东华建设工期保证金	借：银行存款 375 000 贷：其他应付款——东华 375 000	不作处理

（二）甲供材

甲供材业务购入工程用物质或设备，财务会计借记“工程物资”，贷记“财政拨款收入”“零余额账户用款额度”“银行存款”“应付账款”等科目。涉及部门预算现金收支的，预算会计借记“事业支出”，贷记“财政拨款预算收入”“资金结存——零余额账户用款额度”“资金结存——货币资金”等科目。领用工程物质和设备，财务会计借记“在建工程——建筑安装工程投资”，贷记“工程物资”；预算会计不作处理。余料转入维修备件材料，财务会计借记“库存物品”，贷记“工程物资”；预算会计不作处理。

案例 14－4：根据合同，主要材料由学校采购。根据建设工程概算，学校采购改扩建用钢材、电源线材、面砖等材料 600 000 元（含税），采购货梯一台价值 300 000 元（含税），以财政直接支付方式支付，不考虑增值税业务。项目领用工程材料 580 000 元，工程完工后，工程材料有剩余库存 20 000 元，将材料转做学校后勤维修的备料。

经济业务	财务会计账务处理	预算会计账务处理
购入工程物资	借：工程物资——库存材料 600 000 贷：财政拨款收入 600 000	借：事业支出——教育支出 600 000 贷：财政拨款预算收入 600 000
购入工程设备	借：工程物资——库存设备 300 000 贷：财政拨款收入 300 000	借：事业支出——教育支出 300 000 贷：财政拨款预算收入 300 000
项目领用工程材料	借：在建工程——建筑安装工程投资 580 000 贷：工程物资——库存材料 580 000	不作处理
项目领用工程设备	借：在建工程——设备投资 300 000 贷：工程物资——库存设备 300 000	不作处理
工程材料转入维修材料	借：库存物品 20 000 贷：工程物资——库存材料 20 000	不作处理

（三）工程款结算

结算工程款，财务会计借记“在建工程——建筑安装工程投资”，贷记“财政拨款收入”“零余额账户用款额度”“银行存款”“应付账款”等科目；预算会计借记“事业支出——教育支出”，贷记“财政拨款预算收入”“资金结存——零余额账户用款额度”“资金结存——货币资金”等科目。

案例14－5：根据合同，建设方东华建设进场施工时，学校应按照时间节点第一次结算合同价的30%，第二次结算合同价的20%，在项目验收合格并交付使用时，第三次结算支付到合同价的70%，并留质量保证金240 000元（质保期5年），通过财政直接支付方式支付。

经济业务	财务会计账务处理	预算会计账务处理
支付第一次工程款	借：在建工程——建筑安装工程投资 2 250 000 贷：财政拨款收入 2 250 000	借：事业支出——教育支出 2 250 000 贷：财政拨款预算收入 2 250 000
支付第二次工程款	借：在建工程——建筑安装工程投资 1 500 000 贷：财政拨款收入 1 500 000	借：事业支出——教育支出 1 500 000 贷：财政拨款预算收入 1 500 000
支付第三次工程款并扣除质量保证金	借：在建工程——建筑安装工程投资 1 500 000 贷：长期应付款——东华 240 000 财政拨款收入 1 260 000	借：事业支出——教育支出 1 260 000 贷：财政拨款预算收入 1 260 000

（四）改扩建原部分资产的拆除

发生改扩建拆除原部分资产，按照被拆除资产的账面价值财务会计借记“待处理财产损溢——待处理财产价值”，贷记“在建工程——建筑安装工程投资”；预算会计不作处理。

拆除的原资产经批准处置，财务会计借记“资产处置费用”，贷记“待处理财产损溢——待处理财产价值”；预算会计不作处理。

案例14－6：按照建设规划，需要对原S实验中心的附属用房拆除扩建，附属用房原值3 000 000元，未提取折旧。

经济业务	财务会计账务处理	预算会计账务处理
拆除附属用房	借：待处理财产损溢——待处理财产价值 3 000 000 贷：在建工程——建筑安装工程投资 3 000 000	不作处理
经批准处置	借：资产处置费用 3 000 000 贷：待处理财产损溢——待处理财产价值 3 000 000	不作处理

（五）其他大修缮费用

其他大修缮费用主要包括因项目需要而发生的贷款利息、监理费等。

发生费用大型修缮费用，财务会计借记“在建工程——待摊投资”，贷记“财政拨款收入”“零余额账户用款额度”“银行存款”“应付账款”“预付账款”等科目；

计提短期贷款利息，财务会计借记“在建工程”等科目，贷记“应付利息”，预算会计不作处理；实际发生支付利息，财务会计借记“应付利息”，贷记“银行存款”等科目；预算会计借记“事业支出”，贷记“资金结存”等科目。

案例 14－7：项目发生监理费 160 000 元，按照监理合同，施工进场后 10 日内预付 50%，项目验收后支付余款，款项通过银行存款支付。

经济业务	财务会计账务处理	预算会计账务处理
预付项目设计费	借：预付账款——A 公司　80 000 　贷：银行存款　80 000	借：事业支出——教育支出　80 000 　贷：资金结存——货币资金　80 000
支付剩余设计费	借：在建工程——待摊投资　160 000 　贷：预付账款——A 公司　80 000 　　银行存款　80 000	借：事业支出——教育支出——资本性支出　80 000 　贷：资金结存——货币资金　80 000

案例 14－8：按月计提项目短期贷款利息 20 000 元，按季结付贷款利息 60 000 元。

经济业务	财务会计账务处理	预算会计账务处理
每月计提短期贷款利息	借：在建工程——待摊投资　20 000 　贷：应付利息　20 000	不作处理
按季结付利息	借：应付利息　60 000 　贷：银行存款　60 000	借：事业支出——教育支出　60 000 　贷：资金结存——货币资金　60 000

第三节　项目完工结算

一、概述

项目完工后的财务结算主要包括项目验收后资产预估入账、工期保证金结算、水电费结算、项目审计费用、资产入库、工程尾款结算、质量保证金等业务。

二、账务处理

（一）项目完工验收

项目完工验收交付使用，按照改造完工项目的预估价值，财务会计借记“固定资产”，贷记“在建工程”；预算会计不作处理。

案例 14－9：假设根据项目已发生费用，预估改扩建部分的资产价值 8 400 000 元，其中“在建工程——建筑安装工程投资”科目归集 7 740 000 元，“在建工程——设备投资”科目归集 300 000 元，“在建工程——待摊投资”科目归集 360 000 元；改扩建固定资产原账面价值 20 000 000 元减去已拆除资产价值 3 000 000 元，“在建工程——建筑安装工程投资”的价值为 17 000 000 元。基建处会同国资处办理资产预估入库。

经济业务	财务会计账务处理	预算会计账务处理
工程完工交付使用，预估入库	借：固定资产 25 400 000 贷：在建工程——建筑安装工程投资 24 740 000 在建工程——设备投资 300 000 在建工程——待摊投资 360 000	不作处理

注：24 740 000 = 20 000 000 - 3 000 000 + 7 740 000，即在建工程——建筑安装工程投资总额等于固定资产原值减已拆除资产价值加上新改造增加的建筑安装工程科目归集金额。

（二）退还工期保证金

工期保证金应根据项目工期完成进度，按照合同约定退还。四个月后工程完工，退还工期保证金，财务会计借记“其他应付款”，贷记“银行存款”，超期的罚金记入“其他收入”科目；预算会计不作处理。

案例 14 - 10：若项目符合进度，按期完成，则按照合同全额退还保证金 375 000 元，款项从银行支付。

经济业务	财务会计账务处理	预算会计账务处理
全额退还保证金	借：其他应付款——东华 375 000 贷：银行存款 375 000	不作处理

若根据合同约定，东华建设每延期一天，罚款 5 000 元，罚款金额从保证金中扣减。因东华建设施工管理问题，延期 10 天。

经济业务	财务会计账务处理	预算会计账务处理
退还保证金并扣除超工期罚款	借：其他应付款——东华 400 000 贷：其他收入 50 000 银行存款 350 000	不作处理

（三）结清项目水电费

项目发生的水电费应根据合同约定办理结算，通常由建设方直接支付给甲方或甲方直接抵减应付的项目工程款。水电费由建设方直接支付给学校的，财务会计借记“银行存款”，贷记“单位管理费用”；预算会计借记“资金结存——货币资金”，贷记“事业支出——教育支出”。水电费通过工程款抵减的，通过“应付账款”科目核算，财务会计借记“应付账款”，贷记“单位管理费用”；预算会计不作处理。

案例 14 - 11：建设方东华公司施工过程中发生水电费 50 000 元。

经济业务	财务会计账务处理	预算会计账务处理
①东华公司缴纳施工用水电费	借：银行存款 50 000 贷：单位管理费用 50 000	借：资金结存——货币资金 50 000 贷：事业支出——教育支出 50 000
②建设方用工程款抵减应付的水电费	借：应付账款 50 000 贷：单位管理费用 50 000	不作处理

（四）审计结束后业务

1. 发生审计费。项目办理竣工验收后，根据委托审计合同，发生审计费用，财务会计借记“在建工程——待摊投资”，贷记“财政拨款收入”“零余额账户用款额度”“银行存款”“应付账款”等科目；预算会计借记“事业支出——教育支出”，贷记“财政拨款预算收入”“资金结存——零余额账户用款额度”“资金结存——货币资金”等科目。

案例 14－12：项目审计结束，发生审计费用 40 000 元，款项从零余额账户支付。

经济业务	财务会计账务处理	预算会计账务处理
支付审计费用	借：在建工程——待摊投资 40 000 贷：零余额账户用款额度 40 000	借：事业支出——教育支出 40 000 贷：资金结存——零余额账户用款额度 40 000

2. 工程余款

发生项目工程结算，财务会计借记“在建工程”，贷记“财政拨款收入”“零余额账户用款额度”“银行存款”“应付账款”等科目；预算会计借记“事业支出——教育支出”，贷记“财政拨款预算收入”“资金结存——零余额账户用款额度”“资金结存——货币资金”等科目。

案例 14－13：根据最终审计价，办理项目结算。工程完工验收合格，根据合同工程款支付到合同价 7 500 000 元的 70%，款项从国库直接支付，余款在审计结束后按审计价清算。若审计价为 8 200 000 元，其中工程建安部分为 7 200 000 元，项目已结算应由建设方支付的水电费 50 000 元。

经济业务	财务会计账务处理	预算会计账务处理
结算建安工程余款	借：在建工程——建筑安装工程投资 1 950 000 贷：应付账款——东华 1 950 000	不作处理
实际支付建安项目款	借：应付账款——东华 1 900 000 贷：财政拨款收入 1 900 000	借：事业支出——教育支出 1 900 000 贷：财政拨款预算收入 1 900 000

建安工程余款 1 950 000（7 200 000 － 7 500 000 × 70%）元，实际支付建安项目款 1 900 000（1 950 000 － 50 000）元为审计价减去已付合同款减去应结算的水电费。

3. 项目入库

审计结束，应根据项目审计价办理资产入库手续，调整固定资产账面预估价值。根据最终审计入账价值与预估价值间的差额，需要调增预估资产价值的，财务会计借记“固定资产”，贷记“在建工程”，需要调减预估资产价值的，财务会计作相同红字分录；预算会计不作处理。预估期间已经开始计提折旧的，固定资产累计折旧同步调整。

（1）若最终审计价低于预估价，则根据审计价办理入库手续，调减原已经估价入账的价值。

案例14－14：项目审计价为8 200 000元，预估价为8 400 000元（见案例9），应调减固定资产价值200 000元。

经济业务	财务会计账务处理	预算会计账务处理
根据差额进行账面红字调整	借：固定资产 －200 000 贷：在建工程——建筑安装工程投资 －200 000	不作处理

（2）假设最终审计价高于预估价，则根据审计价办理入库手续并调增原已经估价入账的价值。

案例14－15：若项目审计价为8 550 000元，预估价为8 400 000元，应调增固定资产价值150 000元。

经济业务	财务会计账务处理	预算会计账务处理
根据差额办理补充入库	借：固定资产 150 000 贷：在建工程——建筑安装工程投资 150 000	不作处理

（3）预估的固定资产已经开始计提折旧的，应按照新折旧计提数同步调整已计提折旧账面数。

案例14－16：若项目竣工验收在7月20日，预估价为25 400 000元，其中改造项目预估8 400 000元，11月10日审计报告出具的审计价为8 200 000元，事业单位房屋建筑物折旧年限为20年，采用平均年限法计提折旧。

经济业务	财务会计账务处理	预算会计账务处理
7月开始按预估价计提的月折旧额为105 800元	借：业务活动费用 105 800 贷：固定资产累计折旧 105 800	不作处理
11月按照审计价应计提的月折旧额为105 000元	借：业务活动费用 105 000 贷：固定资产累计折旧 105 000	不作处理
同时调减7—10月份已预估的折旧差额	借：业务活动费用 －3 200 贷：固定资产累计折旧 －3 200	不作处理

预估月折旧额计算105 800（25 400 000÷20÷12）元，审计后的实际月折旧额105 000（25 200 000÷20÷12）元，预估折旧期折旧差额应调整－3 200（－800×4）元。

4. 项目质量保证金

施工质量保证金一般质保期均为一年以上，会计核算通过“长期应付款”核算。收到项目质量保证金，财务会计借记“银行存款”，贷记“长期应付款”。期满后以账面余额退还项目质量保证金，财务会计借记“长期应付款”，贷记“银行存款”。期满前存在质量问题，学校代维修的，财务会计借记“长期应付款”，贷记“银行存款”；预算会计均不作处理。

（1）期满无质量问题

案例 14－17：若大型改造项目 2×19 年 7 月完工，质量保证金 240 000 元（见案例 14－5），质保期限为 5 年（2×24 年期满），期满后无质量问题，以银行存款支付质量保证金。

经济业务	财务会计账务处理	预算会计账务处理
收到 240 000 元质量保证金	借：银行存款　240 000 贷：长期应付款——东华　240 000	不作处理
2×24 年期满，支付质量保证金	借：长期应付款——东华　240 000 贷：银行存款　240 000	不作处理

（2）质保期存在质量问题

质保期存在质量问题，应由建设方东华建设负责整改维修，也可以委托学校组织维修，费用由建设方承担，或者质量保证金足够支付的，从质量保证金支付。

案例 14－18：若上一案例中，因建设方质量问题，导致第二年冬季水管渗漏，需要对管路重新维修，经协商，建设方委托学校维修，发生维修费用 30 000 元，从质量保证金扣除；2×24 年 3 月，部分墙面发生脱落，建设方委托学校维修，发生维修费用 5 000 元，从质量保证金扣除。到期后，余款到期退还建设方。

经济业务	财务会计账务处理	预算会计账务处理
发生维修费用	借：长期应付款——东华　30 000 贷：银行存款　30 000	不作处理
2×24 年 3 月因质量问题发生维修费用	借：长期应付款——东华　5 000 贷：银行存款　5 000	不作处理
2×24 年期满，支付质量保证金	借：长期应付款 ——东华　205 000 贷：银行存款　205 000	不作处理

注：退还的保证金为 240 000－30 000－5 000＝205 000（元）

第十五章

后勤保障

本章内容简介：

高校为履行好人才培养、科学研究、社会服务、文化传承创新、国际交流与合作等主要职责，需要坚实的后勤支撑与保障。本章主要介绍高校后勤保障工作常见的经济业务核算，包括后勤日常运行管理、医疗保障、水电气管理、饮食管理、物业管理、基础设施维修、租赁业务、安全保卫等。

第一节　日常经费

一、概述

后勤保障日常管理经费是指学校为保证后勤服务与管理工作的日常运转，而安排的运行性费用，包括办公费、差旅费、印刷费、邮电费等。

二、账务处理

发生后勤保障日常管理经费支出，财务会计借记“单位管理费用”，贷记“零余额账户用款额度”等科目；预算会计借记“事业支出”，贷记“资金结存”等科目。

案例 15 -1：2×19 年 4 月，江东大学后勤保障处职工李某借差旅费 2 000 元。当月出差回校后报销差旅费 1 250 元，退回现金 750 元。同月，该处购买办公用品 1 560 元，支付资料印刷费 850 元，支出办公电话费 690 元。差旅费借款以现金支付，其他款项通过财政授权支付方式支付。

经济业务	财务会计账务处理	预算会计账务处理
李某预借差旅费	借：其他应收款——江东大学——李某　2 000 贷：库存现金　2 000	不作处理

续表

经济业务	财务会计账务处理	预算会计账务处理
李某结算差旅费	借：单位管理费用——后勤保障费用——商品和服务费用　1 250 库存现金　750 贷：其他应收款——江东大学——李某　2 000	借：事业支出——后勤保障支出——商品和服务支出　1 250 贷：资金结存——货币资金　1 250
支付购买办公用品费用	借：单位管理费用——后勤保障费用——商品和服务费用　1 560 贷：零余额账户用款额度　1 560	借：事业支出——后勤保障支出——商品和服务支出　1 560 贷：资金结存——零余额账户用款额度　1 560
支付资料印刷费用	借：单位管理费用——后勤保障费用——商品和服务费用　850 贷：零余额账户用款额度　850	借：事业支出——后勤保障支出——商品和服务支出　850 贷：资金结存——零余额账户用款额度　850
支付办公电话费用	借：单位管理费用——后勤保障费用——商品和服务费用　690 贷：零余额账户用款额度　690	借：事业支出——后勤保障支出——商品和服务支出　690 贷：资金结存——零余额账户用款额度　690

第二节　医疗保障

一、概述

本节主要阐述公费医疗和医疗保险两部分内容。

公费医疗是指尚未实行医疗保障改革、未进入地方医疗保险的学校，依据有关政策和学校规定为教职员工报销医疗费用的业务。

医疗保险是指依据国家医保改革政策，为学生代收、代缴保险费及补充报销门诊费用的业务，以及已经实行医疗保障改革、进入地方医疗保险的学校，依据有关政策和学校规定，为教职员工代扣、代缴保险费和补充报销医疗费用的业务。

二、账务处理

（一）公费医疗

发生公费医疗支出，报销药费和购买药品材料，财务会计借记“单位管理费用”“库存物品”科目，贷记“零余额账户用款额度”等科目；预算会计借记“事业支出”科目，贷记“资金结存”等科目。领用药品，财务会计借记“单位管理费用”科目，贷记“库存物品”科目；预算会计不作处理。

1. 职工医疗保障

案例 15 - 2：2×19 年 4 月，江东大学教职工张某报销门诊药费 865.8 元。当月，江东大学医疗中心购入药品材料 46 300 元，当月全校教职工从校医疗中心领用药品计 35 808 元。同月，教职工王某借住院费 6 000 元，后结报住院费 8 204.6 元，补付其款项 2 204.6 元。以上款项通过财政授权支付方式支付。

（1）门诊医疗费

经济业务	财务会计账务处理	预算会计账务处理
张某报门诊药费	借：单位管理费用——后勤保障费用——对个人和家庭的补助费用 865.8 贷：零余额账户用款额度 865.8	借：事业支出——后勤保障支出——对个人和家庭的补助 865.8 贷：资金结存——零余额账户用款额度 865.8
购入药品材料	借：库存物品 46 300 贷：零余额账户用款额度 46 300	借：事业支出——后勤保障支出——对个人和家庭的补助 46 300 贷：资金结存——零余额账户用款额度 46 300
教职工领用药品材料	借：单位管理费用——后勤保障费用——对个人和家庭的补助费用 35 808 贷：库存物品 35 808	不作处理

（2）住院医疗费

经济业务	财务会计账务处理	预算会计账务处理
王某借住院费	借：其他应收款——江东大学——王某 6 000 贷：零余额账户用款额度 6 000	不作处理
王某结报住院费	借：单位管理费用——后勤保障费用——对个人和家庭的补助费用 8 204.6 贷：其他应收款——江东大学——王某 6 000 零余额账户用款额度 2 204.6	借：事业支出——后勤保障支出——对个人和家庭的补助 8 204.6 贷：资金结存——零余额账户用款额度 8 204.6

2. 独生子女医药费

案例 15 - 3：2×19 年 4 月，江东大学教职工赵某报销独生子发门诊药费 596 元。当月，全校教职工独生子女从校医疗中心领用药品计 6 806.7 元。同月，教职工季某报独生子女住院费 3 466.2 元。以上款项通过财政授权支付方式支付。

经济业务	财务会计账务处理	预算会计账务处理
赵某报独生子女门诊药费	借：单位管理费用——后勤保障费用——对个人和家庭的补助费用 596 贷：零余额账户用款额度 596	借：事业支出——后勤保障支出——对个人和家庭的补助 596 贷：资金结存——零余额账户用款额度 596

续表

经济业务	财务会计账务处理	预算会计账务处理
教职工独生子女领用药品材料	借：单位管理费用——后勤保障费用——对个人和家庭的补助费用　6 806.7 贷：库存物品　6 806.7	不作处理
季某报独生子女住院费	借：单位管理费用——后勤保障费用——对个人和家庭的补助费用　3 466.2 贷：零余额账户用款额度　3 466.2	借：事业支出——后勤保障支出——对个人和家庭的补助　3 466.2 贷：资金结存——零余额账户用款额度　3 466.2

（二）医疗保险

收取学生医疗保险费用和收到返还门诊费用，财务会计借记“银行存款——受托代理资产”科目，贷记“受托代理负债”科目；预算会计不作处理。

上缴学生医疗保险费用和学生报销门诊费用，财务会计借记“受托代理负债”科目，贷记“银行存款——受托代理资产”科目；预算会计不作处理。

上缴职工医疗保险费用，借记“应付职工薪酬”，贷记“银行存款”等科目；预算会计借记“事业支出”，贷记“资金结存”等科目。

1. 学生医疗保险

案例 15－4：2×18 年 12 月，江东大学代收学生 2×19 年度医疗保险费 2 556 400 元，并全额上缴当地社保中心。2×19 年 1 月，社保中心返还学生门诊药费 525 000 元。当月，学生陈某报销门诊药费 259 元。全校学生当月从校医疗中心领用药品 6 458 元。上述款项通过银行存款支付。

经济业务	财务会计账务处理	预算会计账务处理
代收学生 2×19 年医疗保险费	借：银行存款——受托代理资产　2 556 400 贷：受托代理负债　2 556 400	不作处理
上缴学生 2×19 年医疗保险费	借：受托代理负债　2 556 400 贷：银行存款——受托代理资产　2 556 400	不作处理
社保中心返还学生门诊费用	借：银行存款——受托代理资产　525 000 贷：受托代理负债　525 000	不作处理
学生陈某报销门诊药费	借：受托代理负债　259 贷：银行存款——受托代理资产　259	不作处理
全校学生领用药品	借：受托代理负债　6 458 贷：库存物品　6 458	不作处理

2. 教职工医疗保险

案例 15－5：2×18 年 12 月，江东大学发放教职工工资 22 341 300 元，其中代扣教职医疗保险个人承担经费 643 500 元。当月缴交社保中心本校教职工医疗保险费用 1 467 300 元，其中学校承担 823 800 元。另学校实行特殊病种补充报销医疗费用政策。当月，依据学校相关政策，教职工周某补充报销医疗费 6 368 元。以上款项通过财政授权支付方式支付。

经济业务	财务会计账务处理	预算会计账务处理
发放教职工工资，代扣医疗保险个人费用	借：应付职工薪酬——基本工资等 22 341 300 贷：零余额账户用款额 21 697 800 应付职工薪酬——社会保险费 643 500	借：事业支出——教育支出 21 697 800 贷：资金结存——零余额账户用款额度 21 697 800
上缴教职工医疗保险费	借：单位管理费用——后勤保障费用——工资福利费用 823 800 贷：应付职工薪酬——社会保险费 823 800 借：应付职工薪酬——社会保险费 1 467 300 贷：零余额账户用款额度 1 467 300	借：事业支出——教育支出 1 467 300 贷：资金结存——零余额账户用款额度 1 467 300
教职工周某补充报销医疗费	借：单位管理费用——后勤保障费用——对个人和家庭的补助费用 6 368 贷：零余额账户用款额度 6 368	借：事业支出——后勤保障支出——对个人和家庭的补助 6 368 贷：资金结存——零余额账户用款额度 6 368

第三节 水电气业务

一、概述

水电气费用是指学校在开展业务活动及其辅助活动或经营活动过程中发生的水费、电费、天然气费用等必要的费用支出。

二、账务处理

发生水电气费用，如单位按月预交，最终根据水电费发票办理报销手续并进行费用分摊。根据水电气抄表金额预交费用，财务会计借记“预付账款”，贷记“银行存款”“零余额账户用款额度”等科目；预算会计借记“事业支出——后勤保障支出”等科目，贷记“资金结存”。

发生水电气费用分摊，财务会计借记“单位管理费用”“业务活动费用”等科目，贷记“预付账款”等科目；预算会计不作处理。

回收水电气费用，财务会计借记“银行存款”“现金”等科目，贷记“单位管理费用”“业务活动费用”“应收账款”等科目；预算会计借记“资金结存”，贷记“事业支出”。

（一）学校缴纳水电气费用

案例 15－6：江东大学抄表员将全校 2×19 年 1 月发生的电费、水费、天然气费报表交至财务（后附相关分割明细表，用以核算各部门成本费用），总报表显示全校一月份发生电费 580 000 元，水费 320 000 元，天然气费 80 000 元（明细表显示：学校后勤集团发生电费 10 000 元，水费 5 000 元，天燃气费 80 000 元）。

1. 预付水电气费用款，通过财政授权支付方式支付

经济业务	财务会计账务处理	预算会计账务处理
预交水费、电费、天然气费	借：预付账款——电力公司　580 000 预付账款——自来水公司　320 000 预付账款——燃气公司　80 000 贷：零余额账户用款额度　980 000	借：事业支出——后勤保障支出——商品和服务支出　980 000 贷：资金结存——零余额账户用款额度　980 000

2. 费用分摊

依据各项费用明细表确认水费、电费、天然气费并进行各项费用分摊：

经济业务	财务会计账务处理	预算会计账务处理
依据各项费用明细表确认水费、电费、天然气费并进行各项费用分摊	借：单位管理费用（或业务活动费用等）——商品服务费用——电费　580 000 单位管理费用（或业务活动费用等）——商品服务费用——水费　320 000 单位管理费用（或业务活动费用等）——商品服务费用——燃气费　80 000 贷：预付账款——电力公司　580 000 预付账款——自来水公司　320 000 预付账款——燃气公司　80 000	不作处理

（二）回收水电气费用

回收水电气费用主要指向各承包经营单位收取的水电气费用和向学生收取的超额使用的水电费等。接上例：

经济业务	财务会计账务处理	预算会计账务处理
回收后勤集团水电气费用	借：银行存款　95 000 贷：单位管理费用（或业务活动费用等）——商品服务费用——电费　10 000 单位管理费用（或业务活动费用等）——商品服务费用——水费 5 000 单位管理费用（或业务活动费用等）——商品服务费用——燃气费　80 000	借：资金结存——货币资金　95 000 贷：事业支出——后勤保障支出——商品和服务支出　95 000

第四节　餐饮服务

一、概述

本节内容主要包括餐饮收入和餐饮支出两部分内容。餐饮收入是指学校在专业活动及其辅助活动之外，为提供后勤保障而开展的非独立核算经营活动取得的收入，包括校内自营餐厅营业收入，对校内非自营餐厅统一管理收取的综合服务费等。餐饮支出是指学校在专业活动及其辅助活动之外，为提供后勤保障而开展非独立核算经营活动发生的各项费用支出，包括自营餐厅人员工资，原材料采购、领用，运营期间发生的维护保养等费用各项支出。

二、账务处理

（一）餐饮收入

实现餐饮收入，财务会计借记“银行存款”“现金”等科目，贷记“经营收入”等科目；预算会计借记“资金结存”，贷记“经营预算收入”等科目。

案例 15－7：江东大学共有六个餐厅，其中 1－5 号餐厅对外承包（账务处理通过往来项目核算），自营的 6 号餐厅及综合服务费账务处理如下：

财务收到一月份汇总资料：6 号食堂一月份一卡通刷卡收入 190 000 元，微信及支付宝（扫码）收入 50 000 元，餐券收入 20 000 元，食堂综合服务费收入 40 000 元（假设各项收入款项均已收到并已存入银行）

经济业务	财务会计账务处理	预算会计账务处理
根据一卡通、微信及支付宝等汇总表及餐券分割单和综合服务费等收入确认	借：银行存款　300 000 贷：经营收入——后勤收入——6 号餐厅　300 000	借：资金结存——货币资金　300 000 贷：经营预算收入——后勤收入——6 号餐厅　300 000

（二）餐饮支出

餐饮经营活动过程中发生成本费用，财务会计借记“经营费用”，贷记“银行存款”“应付职工薪酬”等科目；预算会计借记“经营支出”，贷记“资金结存”等科目。

1. 人员费用

人员费用是指在食堂经营过程中发生的聘用人员的工资、津贴补贴、社会保障缴费、公积金等支出。

案例 15－8：江东大学自营餐厅一月份计提应发工资 200 000 元，单位负担社保 56 000 元，单位负担公积金 24 000 元；发放工资时扣缴个人负担社保费 16 000 元，个人负担公积金 24 000 元，个人负担工会经费 5 000 元，个人所得税 2 000 元，实际发放金额为 153 000 元。

2×19 年 2 月 15 日按规定缴纳上月应缴的个人所得税、社保、公积金。

经济业务	财务会计账务处理	预算会计账务处理
计提一月份餐厅工人工资	借：经营费用——工资福利费用 280 000 贷：应付职工薪酬——基本工资等 200 000 应付职工薪酬——社会保险费 56 000 应付职工薪酬——住房公积金 24 000	不作处理
发放一月份工人工资	借：应付职工薪酬 200 000 贷：银行存款 153 000 其他应交税费——个人所得税 2 000 应付职工薪酬——社会保险费 16 000 应付职工薪酬——住房公积金 24 000 其他应付款——工会经费 5 000	借：经营支出——工资福利支出 153 000 贷：资金结存——货币资金 153 000
交纳相关税费	借：其他应交税费——个人所得税 2 000 应付职工薪酬——社会保险费 72 000 应付职工薪酬——住房公积金 48 000 其他应付款——工会经费 5 000 贷：银行存款 127 000	借：经营支出——工资福利支出 127 000 贷：资金结存——货币资金 127 000

2. 原材料采购

在学校食堂经营活动过程中的原材料购买主要包括米面油、鲜活类、蔬菜类，以及辅助餐厅运营的低值易耗品等。

案例 15-9：江东大学自营餐厅一月份购买食材 100 000 元，材料已入库。

经济业务	财务会计账务处理	预算会计账务处理
收到购食材发票或报销单	借：库存物品 100 000 贷：银行存款 100 000	借：经营支出——商品和服务支出 100 000 贷：资金结存 100 000

3. 原材料领用

在学校食堂经营活动过程中的原材料领用记入经营活动成本。

案例 15-10：江东大学自营餐厅一月份（领用）消耗材料 100 000 元（假设没有进销差价，经营利润为零）。

经济业务	财务会计账务处理	预算会计账务处理
收到材料消耗明细单	借：经营费用——商品和服务费用 100 000 贷：库存物品 100 000	不作处理

4. 低值易耗采购、领用

账务处理与库存物品采购账务处理类似，详见本书“第九章资产”中“第二节存货的处置”有关内容。低值易耗品摊销一般采用一次性摊销法。

5. 固定资产

餐饮管理中的固定资产，是指学校为保障后勤服务质量，食堂购买餐厅厨房专用设备和通用设备。

(1) 购买固定资产

案例15-11：江东大学餐厅一月份购买大炒锅5个，价值20 000元，冰箱2个，价值10 000元，已交付餐厅使用。

经济业务	财务会计账务处理	预算会计账务处理
外购固定资产不需安装，直接使用，已取得发票	借：固定资产——专用设备　20 000 固定资产——冰箱　10 000 贷：银行存款　30 000	借：经营支出——商品和服务支出　30 000 贷：资金结存——货币资金　30 000

(2) 固定资产折旧

案例15-12：江东大学后勤部门餐厅一月份购买的固定资产30 000元，假设食品加工专用设备使用年限为10年，冰箱使用年限为10年，按照年限平均法计提折旧，列出固定资产折旧表如下：

一月份固定资产折旧明细表

固定资产名称	年折旧额	月折旧额
专用设备	20 000元÷10年=2 000（元）	2 000元÷12月=166.67（元）
冰箱	10 000元÷10年=1 000（元）	1 000元÷12月=83.33（元）

依据固定资产折旧明细表确认折旧费用：

经济业务	财务会计账务处理	预算会计账务处理
计提1月折旧	借：经营费用　250 贷：固定资产累计折旧　250	不作处理

第五节　物业管理

一、概述

根据《物业管理条例》，物业管理是指物业管理企业对房屋及配套设施、设备和相关场地进行维修、养护、管理，维护相关区域内的环境卫生和秩序的活动。高校物业管理，目前主要有四种模式：一是整体外包给社会物业公司；二是委托给高校自办的后勤注册成立的独立法人资质物业公司；三是委托给高校自办的后勤无法人资质的物业中心；四是部分外包给社会物业公司，即兼具第一、第二、第三种模式，或称为半社会化模式。在高校会计核算角度，高校物业管理方式可分为外包和自营两种。

（一）高校物业管理业务如为外包模式

高校引进物业公司，应严格执行《中华人民共和国招标投标法》《政府采购货物和服务招标投标管理办法》，公开招标，招标应注重高校社会效益，兼顾经济效益。后勤管理部门还要注重物业管理合同执行的管理，建立奖罚机制，加强监督。

（二）高校物业管理业务如为自营模式

该模式下主要关注员工队伍专业问题。该模式下物业管理人员中会有许多正式职工因年龄老年化，存在服务意识淡薄、市场意识不强、专业技术不高等问题，造成物业管理服务水平不高，这就要求加强人员绩效考核管理。

此外存在物业经费投入不足的情况。许多高校存在“重建轻管”现象，即前期硬件投入多，后期物业管理投入少，或对教学设施、科研设备投入多，对后勤物业设施投入少等，均易造成物业管理服务质量下降，这就要求高校加强对后勤物业经费的投入。

二、账务处理

发生物品管理费用，财务会计借记“单位管理费用——工资福利费用”“单位管理费用——商品和服务费用”等科目，贷记“应付职工薪酬”“零余额账户用款额度”“银行存款”等科目；预算会计借记“事业支出——后勤保障支出（工资福利支出）”“事业支出——后勤保障支出（商品和服务支出）”等科目，贷记“资金结存——零余额账户用款额度”“资金结存——货币资金”等科目，财政拨款直接支付，贷记“财政拨款预算收入”。

（一）自营模式

案例 15－13：江东大学后勤管理部门对学校某楼宇采取自营模式进行物业管理，后勤管理部门专门组织人员以及长期聘用相关人员进行管理，人员经费主要包括基本工资、绩效工资、社会保险费、公积金等。2×19 年 1 月底，江东大学后勤管理部门核算该楼宇物业人员应发人员工资 20 万元，单位负担社保 5.6 万元，单位负担公积金 2.4 万元。

经济业务	财务会计账务处理	预算会计账务处理
1 月 31 日，计提楼宇物业管理部门人员工资、社保及公积金	借：单位管理费用——后勤保障费用——工资福利费用 256 000 单位管理费用——后勤保障费用——工资福利费用 24 000 贷：应付职工薪酬——基本工资 200 000 应付职工薪酬——社会保险费 56 000 应付职工薪酬——住房公积金 24 000	不作处理

案例 15－14：接上例。2 月初，发放该楼宇物业管理人员工资，扣缴个人负担社保费 1.6 万元，个人负担公积金 2.4 万元，个人负担工会经费 0.5 万元，个人所得税 0.2 万元，实际发放金额为 15.3 万元。2 月 15 日按规定缴纳上月扣个人所得税、社保、公积金。

经济业务	财务会计账务处理	预算会计账务处理
2月初，发放宇物业管理部门人员工资、社保及公积金	借：应付职工薪酬——基本工资 200 000 贷：银行存款 153 000 其他应交税费——个人所得税 2 000 应付职工薪酬——社会保险费 16 000 应付职工薪酬——住房公积金 24 000 其他应付款——工会经费 5 000	借：事业支出——后勤保障支出——工资福利支出 153 000 贷：资金结存——货币资金 153 000
2月15日，银行存款缴纳社保局人员社保费	借：应付职工薪酬——社会保险费 72 000 贷：银行存款 72 000	借：事业支出——后勤保障支出——工资福利支出 72 000 贷：资金结存——货币资金 72 000
2月15日，银行账户缴纳税务部门人员个人所得税	借：其他应交税费——个人所得税 2 000 贷：银行存款 2 000	借：事业支出——后勤保障支出——工资福利支出 2 000 贷：资金结存——货币资金 2 000
2月15日，银行转给公积金管理中心物业人员公积金	借：应付职工薪酬——住房公积金 48 000 贷：银行存款 48 000	借：事业支出——后勤保障支出——工资福利支出 48 000 贷：资金结存——货币资金 48 000
2月15日，将扣缴工会经费转到工会经费专户	借：其他应付款——工会经费 5 000 贷：银行存款 5 000	借：事业支出——后勤保障支出——工资福利支出 5 000 贷：资金结存——货币资金 5 000

案例 15-15：接上例。2月初，该楼宇物业人员，为清理和打扫楼宇，购置清洁用品一批，货款 10 000 元，增值税 1 700 元，用财政授权支付方式支付。货物已到，并验收入库。2月10日，物业人员领用清洁用品，价值 2 000 元。

经济业务	财务会计账务处理	预算会计账务处理
购置清洁用品一批，货款10 000元，增值税1 700元	借：库存物品——专用服装及劳保用品 11 700 贷：零余额账户用款额度 11 700	借：事业支出——后勤保障支出——商品和服务支出 11 700 贷：资金结存——零余额账户用款额度 11 700
2月10日，物业人员领用清洁用品，价值2 000元	借：单位管理费用——后勤保障费用——商品和服务费用 2 000 贷：库存物品——专用服装及劳保用品 2 000	不作处理

案例 15-16：接上例。2月15日，该楼宇物业为清洁楼宇外墙，专门聘用校外专业人员清洗楼宇外墙，支付人员劳务费 10 000 元，其中代扣个人所得税 1 600 元。相关款项通过财政直接支付给个人银行卡中。下月初，税务部门直接从银行账户托收相关税费。

经济业务	财务会计账务处理	预算会计账务处理
支付人员劳务费10 000元，其中代扣个人所得税1 600元	借：单位管理费用——后勤保障费用——商品和服务费用 10 000 贷：财政拨款收入 8 400 其他应交税费——个人所得税 1 600	借：事业支出——后勤保障支出——商品和服务支出 8 400 贷：财政拨款预算收入 8 400
下月初，银行存款支付给税务部门代扣个人所得税1 600元	借：其他应交税费——个人所得税 1 600 贷：银行存款 1 600	借：事业支出——后勤保障支出——商品和服务支出 1 600 贷：资金结存——货币资金 1 600

案例 15－17：接上例。2 月 20 日，该楼宇物业为清洁楼道，财政授权支付方式购置自动清扫机器，价格 50 000 元，增值税 8 500 元，货款已付，设备已验收入库。预计使用期限为 10 年，折旧期相同。

经济业务	财务会计账务处理	预算会计账务处理
购置自动清扫机器，价格50 000元，增值税8 500元，资产已验收入库	借：固定资产——专用设备 58 500 贷：银行存款 58 500	借：事业支出——后勤保障支出——其他资本性支出 58 500 贷：资金结存——货币资金 58 500
2月底，按规定对该设备进行折旧，残值为0。月折旧额＝58 500÷10÷12月＝487.5元	借：单位管理费用——后勤保障费用——固定资产折旧费 487.50 贷：固定资产累计折旧——专用设备 487.5	不作处理

（二）外包模式

案例 15－18：江东大学后勤管理部门对学校行政楼采取外包模式进行物业管理。2×19 年 3 月 1 日学校对该楼宇物业管理业务对外公开招标，4 月 1 日，招标结束，A 物业公司中标，签订物业管理合同，并缴纳合同履约保证金 10 万元，合同期 3 年，自 2×19 年 7 月 1 日至 2×22 年 6 月 30 日止，每年物业管理费为 100 万元，根据合同约定，每期开始学校预付合同金额的 30%，每期结束后结算前一年度物业费。7 月 1 日，该学校按合同约定通过财政授权支付方式支付物业合同款 30 万元。

经济业务	财务会计账务处理	预算会计账务处理
4月1日，A公司缴纳合同履约保证金10万元	借：银行存款 100 000 贷：其他应付款——保证金——A公司 100 000	不作处理

续表

经济业务	财务会计账务处理	预算会计账务处理
7月1日，支付给A公司物业合同款30万元	借：预付账款——财政补助预付款——A公司 300 000 贷：零余额账户用款额度 300 000	借：事业支出——后勤保障支出——商品和服务支出 300 000 贷：资金结存——零余额账户用款额度 300 000

案例15-19：接上例。2×19年6月30日，根据合同约定结算前一年度行政楼物业费，取得A公司相关发票，补付款项70万元于7月10日通过财政授权支付方式支付。

经济业务	财务会计账务处理	预算会计账务处理
6月30日，结算行政楼物业管理费	借：单位管理费用——后勤保障费用——商品和服务费用 1 000 000 贷：预付账款——财政补助预付款——A公司 300 000 应付账款——A公司 700 000	不作处理
7月10日，支付给A公司补付物业费	借：应付账款——A公司 700 000 贷：零余额账户用款额度 700 000	借：事业支出——后勤保障支出——商品和服务支出 700 000 贷：资金结存——零余额账户用款额度 700 000

案例15-20：接上例。2×22年7月1日，学校与A公司合同到期，上一年度物业费已经结算并待支付。在结算时，学校认为A物业公司未履行物业合同相关义务，因此双方约定扣减本年物业费5万元，A公司同时开具红字发票5万元。2×22年7月10日，财政授权支付方式支付给A公司物业费65万元，银行存款退回履约保证金10万元。

经济业务	财务会计账务处理	预算会计账务处理
7月1日，根据双方协商，扣减本年度物业费5万元。取得红字发票	借：单位管理费用——后勤保障费用——商品和服务费用 -50 000 贷：应付账款——A公司 -50 000	不作处理
7月10日，支付给A公司补付物业费	借：应付账款——A公司 650 000 贷：零余额账户用款额度 650 000	借：事业支出——后勤保障支出——商品和服务支出 650 000 贷：资金结存——零余额账户用款额度 650 000
7月10日退还履约保证金	借：其他应付款——保证金——A公司 100 000 贷：银行存款 100 000	不作处理

第六节 基础设施维修

一、概述

学校的修缮除需要资本化的房屋建筑物翻新改造通过“在建工程”核算外，还应包含直接费用化的定期校舍维修项目，如：校舍内外墙的粉刷更新、校园路面大修、地下管线维修等等。

二、账务处理

本节所述维修不通过“在建工程”核算。实际支付大修费用，财务会计按照房屋用途直接列支借记“业务活动费用”“单位管理费用”等科目，贷记“银行存款”“财政拨款收入”等科目；预算会计借记“事业支出”等科目，贷记“财政拨款预算收入”“资金结存”等科目。

案例15－21：2×19年暑期，江东大学根据计划对电子工程学院大楼进行大修，经招标，合同价（固定）为1 200 000元，按照合同约定的付款节点分三次付款，每次付款400 000元，项目验收后支付余款，合同约定按照合同价的3%缴纳质量保证金，质保期1年，合同款项以财政直接支付方式支付。

（一）质保金

经济业务	财务会计账务处理	预算会计账务处理
收到质保金	借：银行存款 36 000 贷：其他应付款 36 000	不作处理
质保期满退回质保金	借：其他应付款 36 000 贷：银行存款 36 000	不作处理

（二）支付工程款

经济业务	财务会计账务处理	预算会计账务处理
按合同支付费用	借：业务活动费用——教育费用——其他资本性费用 400 000 贷：财政拨款收入 400 000	借：事业支出——教育支出——其他资本性支出 400 000 贷：财政拨款预算收入 400 000

（三）审计费用

大型维修项目有两种类型的合同，一是按照项目工程量清单，以审计结算价结算工程款，工程款的结算程序同大修改造项目；二是项目工程量固定，以签订的固定合同价结算。实际支付审计费用，财务会计借记“业务活动费用”“单位管理费用”等科目，贷记“财政拨款收入”“银行存款”等科目；预算会计借记“事业支出”等科目，贷记“财政拨款预算收入”“资金结存”等科目。

案例 15－22：若电子工程大楼的大修是以最终审计价结算工程款，发生审计费用 1 万元，以财政直接支付方式支付。

经济业务	财务会计账务处理	预算会计账务处理
按合同支付审计费用	借：业务活动费用——教育费用——商品和服务费用 10 000 贷：财政拨款收入 10 000	借：事业支出——教育支出——商品和服务支出 10 000 贷：财政拨款预算收入 10 000

（四）水电费结算

案例 15－23：若电子学院工程大楼的大修期间，施工方发生水电费 8 000 元，从最后一次工程款支付时结算。

经济业务	财务会计账务处理	预算会计账务处理
支付费用并扣除施工期间水电费	借：业务活动费用——教育费用——商品和服务费用 392 000 贷：业务活动费用——教育费用——商品和服务费用 8 000 财政拨款收入 400 000	借：事业支出——教育支出——商品和服务支出 392 000 贷：财政拨款预算收入 392 000

第七节　租赁业务

一、概述

高校房屋租赁业务，是指通过公开招标方式按高校规定要求向承租人转让房屋使用权而收取的补偿款。高校房屋租赁费通常是在高校和承租人根据市场行情或双方谈判确定。

高校房屋租赁费业务管理应重点关注以下方面：

（一）高校房屋租赁业务应严格执行《中华人民共和国招标投标法》《政府采购货物和服务招标投标管理办法》，公开对外招标，防止徇私舞弊。

（二）房屋租赁费业务应归口管理，加强合同前期准备、合同订立、合同执行及合同后续管理等。明确归口部门职责和业务流程，同时，按高校内部控制要求确保租赁费开票、收款、核算相互分离。

二、账务处理

收到房屋租赁费，财务会计借记“库存现金”“银行存款”“应收账款”等科目，贷记

"租金收入""应交增值税"等科目；预算会计借记"资金结存——货币资金"，贷记"其他预算收入——租金收入"。涉及增值税事项的，按相关要求处理。

案例 15 - 24：江东大学为一般纳税人，对校内某门面房对外出租，公开招标，并制定相关招标文件对外发布。2×19 年 3 月 1 日起，按规定对外公开招标，每家收取标书工本费现金 100 元，已开具增值税发票。

经济业务	财务会计账务处理	预算会计账务处理
收取标书文件工本费 100 元（含税价格，17% 税率）	借：库存现金　100 贷：其他收入——其他收入　85.47 应交增值税——应交税金——销项税额　14.53	借：资金结存——货币资金　100 贷：其他预算收入——其他预算预收入 100

案例 15 - 25：接上例。3 月 20 日，共有 5 家单位参加竞标，每家缴纳投标保证金现金 1 000 元。3 月 21 日开标结束后，A 单位中标，现金退还其他未中标单位投标保证金。

经济业务	财务会计账务处理	预算会计账务处理
3 月 20 日，收取某单位投标保证金 1 000 元	借：库存现金　1 000 贷：其他应付款——保证金——A 单位　1 000	不作处理
3 月 21 日，现金退还某单位投标保证金 1 000 元	借：其他应付款——保证金——A 单位　1 000 贷：库存现金　1 000	不作处理

案例 15 - 26：接上例。3 月 25 日后，中标结果公示后，A 单位按要求缴纳履约保证金 2 000 元，并签订合同，房租合同期为 3 年，期限为 2×19 年 7 月 1 日至 2×22 年 6 月 30 日，年租金额为 15 万元（含税价格），采取后付租金方式收取租金，每期 6 月 30 日前支付前一年租金。

经济业务	财务会计账务处理	预算会计账务处理
3 月 25 日，收取 A 单位履约保证金 2 000 元	借：库存现金　2 000 贷：其他应付款——保证金——A 单位　2 000	不作处理
2×19 年 12 月 31 日，按合同应收 A 单位房租 7.5 万元（不税价格 64 102.56 元，增值税 10 897.44 元）	借：应收账款——A 单位　64 102.56 贷：租金收入——门面房出租收入　64 102.56	不作处理

续表

经济业务	财务会计账务处理	预算会计账务处理
2×20 年 6 月 30 日，A 单位银行转账支付 15 万元房租，财务部门开具增值税发票，含税金额 15 万元	借：银行存款　150 000 贷：应收账款——A 单位　64 102.56 租金收入——门面房出租收入　64 102.56 应交增值税——应交税金——销项税额　21 794.88	借：资金结存——货币资金　150 000 贷：其他预算收入——租金预算收入　150 000
2×20 年 6 月 30 日，按规定计算上述纳税事项应交城市维护建设税 7%、教育附加（含地方教育附加，共计 5%）	借：单位管理费用——后勤保障费用——商品和服务费用——其他税费　2 615.39 贷：其他应交税费——城市建设维护税　1 525.64 其他应交税费——教育附加费　1 089.75	不作处理
2×20 年 7 月 5 日缴纳上述增值税及相关税费	借：应交增值税——应交税金——已交税金　21 794.88 其他应交税费——城市建设维护税　1 525.64 其他应交税费——教育附加费　1 089.75 贷：银行存款　24 410.27	借：事业支出——后勤保障支出 24 410.27 贷：资金结存——货币资金　24 410.27

案例 15－27：接上例。2×21 年 6 月 30 日，该门面房房租合同到期，江东大学银行转账方式退还 A 单位履约保证金 2 000 元。

经济业务	财务会计账务处理	预算会计账务处理
6 月 30 日，银行转账退还 A 单位履约保证金 2 000 元	借：其他应付款——保证金——A 单位　2 000 贷：银行存款　2 000	不作处理

第八节　安全保卫

一、概述

和学校安全保卫有关的费用，主要包括保安人员经费和安全保卫专项经费。保安人员经费是指学校为保障校园安全，支付给保安人员的工资等人员经费。根据学校管理模式的不同，分为自聘保安人员与外包保安服务两类。安全保卫专项经费是指学校为保障校园安全，提高安全保卫管理与防范能力，实施安保技防软硬件设施建设等设立的经费。

二、账务处理

（一）保安人员经费

计提安全保卫人员费用，财务会计借记“单位管理费用”科目，贷记“应付职工薪酬”“零余额账户用款额度”等科目；预算会计不作处理；实际支付安全保卫人员费用，财务会计借记“单位管理费用－后勤保障费用”“应付职工薪酬”等科目，贷记“应付职工薪酬”“零余额账户用款额度”等科目；预算会计借记“事业支出”，贷记“资金结存”等科目。

1. 学校自聘保安人员经费

案例 15－28：2×19 年 4 月，江东大学发放自聘保安人员工资 34 820 元，代扣各类保险费用和公积金 4 652 元，代扣个人所得税税款 295 元。当月缴纳自聘保安人员保险费用和公积金 13 956 元，其中学校负担 9 304 元。缴纳自聘保安人员所得税税款 295 元。以上款项通过财政授权支付方式支付。

经济业务	财务会计账务处理	预算会计账务处理
学校计提自聘保安人员工资	借：单位管理费用——后勤保障费用——工资福利费用　34 820 贷：应付职工薪酬——基本工资　34 820	不作处理
发放自聘保安人员工资	借：应付职工薪酬——基本工资　34 820 贷：应付职工薪酬——社会保险费等　4 652 其他应交税费　295 零余额账户用款额度　29 873	借：事业支出——后勤保障支出——工资福利支出　29 873 贷：资金结存——零余额账户用款额度　29 873
缴交自聘保安人员保险费、公积金	借：单位管理费用——后勤保障费用——工资福利费用　9 304 贷：应付职工薪酬——社会保险费等　9 304	不作处理
缴交自聘保安人员个人所得税	借：其他应交税费　295 贷：零余额账户用款额度　295	借：事业支出——后勤保障支出——工资福利支出　295 贷：资金结存——零余额账户用款额度　295

2. 学校外包保安服务人员经费

案例 15－29：2×19 年 4 月，江东大学向安平安保公司支付外包保安人员工资 53 400 元。以上款项通过财政授权支付方式支付。

经济业务	财务会计账务处理	预算会计账务处理
学校计提外包保安人员工资	借：单位管理费用——后勤保障费用——工资福利费用　53 400 贷：应付账款——安平安保公司　53 400	不作处理

续表

经济业务	财务会计账务处理	预算会计账务处理
学校支付外包保安人员工资	借：应付账款——安平安保公司　53 400 　贷：零余额账户用款额度　53 400	借：事业支出——后勤保障支出——商品和服务支出　53 400 　贷：资金结存——零余额账户用款额度　53 400

（二）安全保卫专项经费

发生安全保卫专项建设费用，财务会计借记“在建工程”科目，贷记“财政拨款收入”等科目。未发生现金流出，预算会计不作处理；发生现金流出，预算会计借记“事业支出”科目，贷记“财政拨款预算收入”等科目。资产验收合格交付使用，财务会计借记“固定资产”科目，贷记“在建工程”科目；预算会计不作处理。

案例 15－30：2×19 年 1 月，江东大学为提高校园安全保障能力，决定建设智能交通管理系统。经公开招标，确定华成公司为中标单位，中标价 435 000 元。依据合同，当月预付设备款项 320 000 元。4 月，设备安装到位并验收合格，支付尾款 95 000 元，留取质保金 20 000 元。2×19 年 12 月支付质保金 20 000 元。以上款项通过财政直接支付方式支付。

经济业务	财务会计账务处理	预算会计账务处理
预付智能交通系统设备款	借：在建工程——设备投资　320 000 　贷：财政拨款收入　320 000	借：事业支出——后勤保障支出——其他资本性支出　320 000 　贷：财政拨款预算收入　320 000
支付智能交通系统设备尾款，扣留质保金	借：在建工程——设备投资　115 000 　贷：其他应付款——华成公　20 000 　　　财政拨款收入　95 000 借：固定资产——专用设备　435 000 　贷：在建工程——设备投资　435 000	借：事业支出——后勤保障支出——其他资本性支出　95 000 　贷：财政拨款预算收入　95 000
支付智能交通系统质保金	借：其他应付款——华成公司　20 000 　贷：财政拨款收入　20 000	借：事业支出——后勤保障支出——其他资本性支出　20 000 　贷：财政拨款预算收入　20 000

第十六章

收　入

本章内容简介：

收入分为财务会计要素“收入”和预算会计要素“预算收入”：“收入”是指报告期内导致高校净资产增加的、含有服务潜力或者经济利益的经济资源的流入；“预算收入”是指预算年度内依法取得的并纳入预算管理的现金流入等业务。

高校的收入主要包括财政拨款收入、财政专户管理的事业收入（科研经费收入）、上级补助收入、附属单位上缴收入、经营收入、非同级财政拨款、接受捐赠收入、利息收入、国有资产出租、投资收益、现金盘盈、科技成果转化、无法偿付的应付及预收款项处置、置换资产评估增值等收入，其中（国有资产出租、置换资产评估增值）参见资产管理章节、（投资收益）参见投资业务章节。本章节涉及增值税业务的，相关账务处理略。

财务收入的确认应当同时满足以下条件：与收入相关的含有服务潜力或者经济利益的经济资源很可能流入政府会计主体；含有服务潜力或者经济利益的经济资源流入会导致政府会计主体资产增加或者负债减少；流入金额能够可靠地计量。

预算收入一般在实际收到时予以确认，以实际收到的金额计量。

第一节　财政拨款收入

一、概述

财政拨款收入指高校从同级政府财政部门取得的各类财政拨款。同级政府财政部门预拨的下期预算款和没有纳入预算的暂付款项，以及采用实拨资金方式通过本单位转拨给下属单位的财政拨款，通过“其他应付款”科目核算，不通过“财政拨款收入”和“财政拨款预算收入”科目核算。

二、账务处理

（一）收到拨款

财政直接支付方式下，根据收到的“财政直接支付入账通知书”及相关原始凭证，按照通知书中的直接支付入账金额，财务会计借记“库存物品”“固定资产”“业务活动费用”“单位管理费用”“应付职工薪酬” 等科目，贷记“财政拨款收入”科目；预算会计借记“事业支出”等科目，贷记“财政拨款预算收入”科目。

财政授权支付方式下，根据收到的“财政授权支付额度到账通知书”，按照通知书中的授权支付额度，财务会计借记“零余额账户用款额度”科目，贷记“财政拨款收入”科目；预算会计借记“资金结存——零余额账户用款额度”科目，贷记“财政拨款预算收入”科目。其他方式下，按照实际收到的金额，财务会计借记“银行存款”等科目，贷记“财政拨款收入”科目；预算会计借记“资金结存——货币资金”科目，贷记“财政拨款预算收入”科目。

（二）年末确认拨款差额

财政直接支付方式下，根据本年度财政直接支付预算指标数与当年财政直接支付实际支付数的差额，财务会计借记“财政应返还额度——财政直接支付”科目，贷记“财政拨款收入”科目；预算会计借记“资金结存——财政应返还额度”科目，贷记“财政拨款预算收入”科目。

财政授权支付方式下，本年度财政授权支付预算指标数大于零余额账户用款额度下达数的，根据未下达的用款额度，财务会计借记“财政应返还额度——财政授权支付”科目，贷记“财政拨款收入”科目；预算会计借记“资金结存——财政应返还额度”科目，贷记“财政拨款预算收入”科目。

（三）因差错更正或购货退回等发生国库直接支付款项退回的

属于以前年度支付的款项，按照退回金额，财务会计借记“财政应返还额度——财政直接支付”科目，贷记“以前年度盈余调整”“库存物品”等科目；预算会计借记“资金结存——财政应返还额度”，贷记“财政拨款结转”“财政拨款结余”科目。

属于本年度支付的款项，按照退回金额，财务会计借记“财政拨款收入”科目，贷记“业务活动费用”“库存物品”等科目；预算会计借记“财政拨款预算收入”科目，贷记“事业支出”等科目。

（四）期末会计处理

将“财政拨款收入”科目本期发生额转入本期盈余，财务会计借记“财政拨款收入”科目，贷记“本期盈余”科目，结转后无余额。年末，将“财政拨款预算收入”科目本年发生额转入财政拨款结转，预算会计借记“财政拨款预算收入”科目，贷记“财政拨款结转——本年收支结转”科目，结转后无余额。

案例 16－1： 2×19 年 9 月，江东大学收到“财政授权支付额度到账通知书”，额度为 3 000 万元。9 月 10 日，以授权支付方式支付 300 万元购入一批教学设备，设备于当月安装、调试、验收合格并投入使用。年末，根据授权支付预算指标和代理银行提供的对账单显示本年度未下达的授权支付额度为 600 万元，已下达未使用的授权支付的额度为 200 万元。

经济业务	财务会计账务处理	预算会计账务处理
收到“财政授权支付额度到账通知书”	借：零余额账户用款额 30 000 000 贷：财政拨款收入 30 000 000	借：资金结存——零余额账户用款额度 30 000 000 贷：财政拨款预算收入 30 000 000
购买教学设备	借：固定资产 3 000 000 贷：零余额账户用款额度 3 000 000	借：事业支出——教育支出 3 000 000 贷：资金结存——零余额账户用款额度 3 000 000
年末确认差额	借：财政应返还额度——财政授权支付 8 000 000 贷：零余额账户用款额度 2 000 000 财政拨款收入 6 000 000	借：资金结存——财政应返还额度 8 000 000 贷：资金结存——零余额账户用款额度 2 000 000 财政拨款预算收入 6 000 000

案列 16－2：2×19 年 9 月，江东大学使用财政资金 10 万元购买一批教学用耗材，款项已经通过财政直接支付方式结算，购入时全部被某二级学院领用。10 月，因部分低值易耗品质量未达到要求，江东大学按照合同规定将其退回供应商，并收到国库直接支付退回款项 2 万元。年末，根据本年度预算指标与当年实际支付数核对，差额为 500 万元。

经济业务	财务会计账务处理	预算会计账务处理
购买教学耗材	借：业务活动费用——教育费用——商品和服务费用 100 000 贷：财政拨款收入 100 000	借：事业支出——教育支出——商品和服务支出 100 000 贷：财政拨款预算收入 100 000
因购货退回发生的退回	借：财政拨款收入 100 000 贷：业务活动费用——教育费用——商品和服务费用 100 000	借：财政拨款预算收入 100 000 贷：事业支出——教育支出——商品和服务支出 100 000
年末确认财政应返还额度	借：财政应返还额度——财政直接支付 5 000 000 贷：财政拨款收入 5 000 000	借：资金结存——财政应返还额度 5 000 000 贷：财政拨款预算收入 5 000 000

第二节 财政专户管理的事业收入

一、概述

指高等学校开展教学活动及其辅助活动取得的收入业务，主要包括通过学历和非学历教育向学生个人或者单位收取的学费、住宿费、委托培养费、考试考务费、培训费和其他教育事业收入。财务会计通过“事业收入——教育收入”科目核算，预算会计通过“事业预算收入——教育预算收入”科目核算。

二、账务处理

（一）实际收到或应收应上缴财政专户的事业收入，财务会计借记“银行存款”“应收账款”等科目，贷记“应缴财政款”科目；预算会计不作处理。

（二）发生退费或应收业务数据调整，财务会计借记“应缴财政款”科目，贷记“银行存款”“应收账款”等科目；预算会计不作处理。

（三）向财政专户上缴款项，按照实际上缴的款项金额，财务会计借记“应缴财政款”科目，贷记“银行存款”等科目；预算会计不作处理。

（四）收到从财政专户返还的款项，按照实际返还情况，根据支付方式的区别，参见本章第一节中直接支付和授权支付的会计处理。其他方式返还的，按照实际收到的返还金额，财务会计借记“银行存款”，贷记“事业收入——教育收入”；预算会计借记“资金结存——货币资金”，贷记“事业预算收入——教育预算收入”。

（五）期末，将“事业收入——教育收入”科目本期发生额转入本期盈余，财务会计借记“事业收入——教育收入”科目，贷记“本期盈余”科目，结转后无余额。年末，将“事业预算收入——教育预算收入”科目本年发生额中专项资金收入转入非财政拨款结转，预算会计借记“事业预算收入——教育预算收入”科目，贷记“非财政拨款结转——本年收支结转”科目。将“事业预算收入——教育预算收入”科目本年发生额中非专项资金收入转入其他结余，预算会计借记“事业预算收入——教育预算收入”科目，贷记“其他结余”科目，结转后无余额。

案例16－3：2×19年8月30日，江东大学发生批量代扣学生学费5 000万元、住宿费1 100万元，收入已存入学校基本户。9月15日，两名学生办理退学手续，共退还学费1万元、住宿费0.3万元。9月25日，江东大学上缴财政专户学费5 500万元、住宿费1 200万元。学校教育事业收入按照年度预算序时下达，9月份收到专户返还款项3 000万元。

经济业务	财务会计账务处理	预算会计账务处理
学生交费	借：银行存款 61 000 000 贷：应缴财政款 61 000 000	不作处理
学生退费	借：应缴财政款 13 000 贷：银行存款 13 000	不作处理
向财政专户上缴款项	借：应缴财政款 67 000 000 贷：银行存款 67 000 000	不作处理
收到专户返还款项	借：银行存款 30 000 000 贷：事业收入——教育事业收入 30 000 000	借：资金结存——货币资金 30 000 000 贷：事业预算收入——教育事业预算收入 30 000 000

第三节　科研收入

一、概述

科研收入指高等学校开展科研活动及其辅助活动实现的收入，主要包括纵向科研收入和横向科研收入。从同级财政部门取得的科研收入，财务会计通过“财政拨款收入”科目核算，预算会计通过“财政拨款预算收入”科目核算，账务处理详见本章第一节；其他科研收入，财务会计通过“事业收入——科研收入”科目核算，预算会计通过“事业预算收入——科研预算收入”科目核算，为区分资金来源可在这两个科目下设“非同级财政拨款”和“A 项目”等三级明细科目进行核算。

二、账务处理

（一）采用预收款方式确认的科研收入，按照实际收到的预收款项金额，财务会计借记“银行存款”等科目，贷记“预收账款”科目；预算会计借记“资金结存——货币资金”科目，贷记“事业预算收入——科研事业预算收入”科目。按照合同完成进度确认事业收入，按照基于合同完成进度计算的金额，借记“预收账款”科目，贷记“事业收入——科研事业收入”科目；预算会计不作处理。

（二）采用应收款方式确认的科研收入，根据合同完成进度计算本期应收的款项，财务会计借记“应收账款”科目，贷记“事业收入——科研事业收入”科目。实际收到款项，借记“银行存款”等科目，贷记“应收账款”科目；预算会计借记“资金结存——货币资金”科目，贷记“事业预算收入——科研事业预算收入”科目。

（三）其他方式下确认的事业收入，按照实际收到的金额，财务会计借记“银行存款”“库存现金”等科目，贷记“事业收入——科研事业收入”科目；预算会计借记“资金结存——货币资金”科目，贷记“事业预算收入——科研事业预算收入”科目。

（四）期末，将“事业收入——科研事业收入”科目本期发生额转入本期盈余，财务会计借记“事业收入——科研事业收入”科目，贷记“本期盈余”科目。年末，将“事业预算收入——科研事业预算收入”科目本年发生额中专项资金收入转入非财政拨款结转，预算会计借记“事业预算收入——科研事业预算收入”科目，贷记“非财政拨款结转——本年收支结转”科目。将“事业预算收入——科研事业预算收入”科目本年发生额中非专项资金收入转入其他结余，预算会计借记“事业预算收入——科研事业预算收入”科目，贷记“其他结余”科目，结转后无余额。

案例 16－4： 江东大学 2×19 年 5 月 31 日收到合作企业 X 项目科研经费 10 万元，期末按照合同执行进度确认收入 5 万元。

经济业务	财务会计账务处理	预算会计账务处理
收到款项	借：银行存款 100 000 贷：预收账款 100 000	借：资金结存——货币资金 100 000 贷：事业预算收入——科研事业预算收入——X项目 100 000
根据合同执行进度确认收入	借：预收账款 50 000 贷：事业收入——科研事业收入 50 000	不作处理

案例16-5：江东大学2×19年9月科技厅X后资助项目共发生支出5万元，学校采用按支出确认收入的方式，2×19年11月收到项目经费到款5万元。

经济业务	财务会计账务处理	预算会计账务处理
发生支出时	借：业务活动费用——科研费用 50 000 贷：银行存款 50 000	借：事业支出——科研支出——X后资助项目 50 000 贷：结存资金——货币资金 50 000
根据支出确认收入时	借：应收账款 50 000 贷：事业收入——科研事业收入——非同级财政拨款 50 000	不作处理
收到款项	借：银行存款 50 000 贷：应收账款 50 000	借：资金结存——货币资金 50 000 贷：事业预算收入——科研事业预算收入——非同级财政拨款 50 000

第四节 上级补助收入

一、概述

上级补助收入指高校从主管部门和上级单位取得的非财政拨款。财务会计通过“上级补助收入”科目核算，预算会计通过“上级补助预算收入”科目核算。

二、账务处理

（一）按照应收方式确认的业务

按照应收金额，财务会计借记“其他应收款”等科目，贷记“上级补助收入”科目。实际收到款项，按照实际收到的款项借记“银行存款”等科目，贷记“其他应收款”科目；预算会计借记“资金结存——货币资金”科目，贷记“上级补助预算收入”科目。

（二）按照实际收款方式确认的业务

按照实际收到的款项，财务会计借记“银行存款”等科目，贷记“上级补助收入”

科目；预算会计借记“资金结存——货币资金”科目，贷记“上级补助预算收入”科目。

（三）期末会计处理

将“上级补助收入”科目本期发生额转入本期盈余，财务会计借记“上级补助收入”科目，贷记“本期盈余”科目，结转后无余额。年末，将“上级补助预算收入”科目本年发生额中的专项资金收入转入非财政拨款结转，借记“上级补助预算收入”科目，贷记“非财政拨款结转——本年收支结转”科目；将“上级补助预算收入”科目本年发生额中的非专项资金收入转入其他结余，借记“上级补助预算收入”科目，贷记“其他结余”科目，结转后无余额。

案例 16－6：2×19 年 10 月，根据省人社部门要求可以发放职工退休一次性补贴，经费有困难的可以向主管部门申请。12 月，收到主管部门专项补助 87 万元。年末，将该上级补助收入办理年终结转。

经济业务	财务会计账务处理	预算会计账务处理
收到补助款	借：银行存款 870 000 　贷：上级补助收入 870 000	借：资金结存——货币资金 870 000 　贷：上级补助预算收入 870 000
期末/年末结转	借：上级补助收入 870 000 　贷：本期盈余 870 000	借：上级补助预算收入 870 000 　贷：非财政拨款结转——本年收支结转 870 000

第五节 经营收入

一、概述

经营收入指高校在专业业务活动及其辅助活动之外开展非独立核算经营活动取得的收入。经营收入应当在提供服务或发出存货，同时收讫价款或者取得索取价款的凭据，按照实际收到或应收的金额予以确认。财务会计通过“经营收入”科目核算，预算会计通过“经营预算收入”科目核算。

二、账务处理

（一）按照应收方式确认的业务，按照确认的金额，财务会计借记“应收账款”“应收票据”等科目，贷记“经营收入”科目。实际收到款项，按照实际收到的款项财务会计借记“银行存款”等科目，贷记“应收账款”“应收票据”科目；预算会计借记“资金结存——货币资金”科目，贷记“经营预算收入”科目。

（二）按照实际收款方式确认的业务，按照实际收到的款项财务会计借记“银行存款”等科目，贷记“经营收入”科目；预算会计借记“资金结存——货币资金”科目，贷记“经营预算收入”科目。

（三）期末，将“经营收入”科目本期发生额转入本期盈余，财务会计借记“经营收入”科目，贷记“本期盈余”科目，结转后无余额。年末，将“经营预算收入”科目本年发生额转入经营结余，预算会计借记“经营预算收入”科目，贷记“经营结余”科目，结转后无余额。

案例 16－7：2×19 年 3 月，江东大学和丙公司签订员工培训合同，约定 4 月至 10 月期间每月 7 天时间分批次对员工轮训，培训金额合计 70 万元。4 月 5 日，收到第一批培训款 10 万元。（相关税费事项略）

经济业务	财务会计账务处理	预算会计账务处理
确认收入	借：应收账款 700 000 贷：经营收入 700 000	不作处理
实际收到款项	借：银行存款 100 000 贷：应收账款 100 000	借：资金结存——货币资金 100 000 贷：经营预算收入 100 000

第六节　附属单位上缴收入

一、概述

附属单位上缴收入指高校取得的附属独立核算单位按照有关规定上缴的收入。财务会计通过“附属单位上缴收入”科目核算，预算会计通过“附属单位上级预算收入”科目核算。

二、账务处理

（一）按照应收方式确认的业务，按照应收金额财务会计借记“其他应收款”等科目，贷记“附属单位上缴收入”科目；预算会计不作处理。实际收到款项，按照实际收到的款项财务会计借记“银行存款”等科目，贷记“其他应收款”科目，预算会计借记“资金结存——货币资金”科目，贷记“附属单位上级预算收入”科目。

（二）按照实际收款方式确认的业务，按照实际收到的款项财务会计借记“银行存款”等科目，贷记“附属单位上级收入”科目；预算会计借记“资金结存——货币资金”科目，贷记“附属单位上缴预算收入”科目。

（三）期末，将“附属单位上级收入”科目本期发生额转入本期盈余，财务会计借记“附属单位上级收入”科目，贷记“本期盈余”科目，结转后无余额；预算会计不作处理。年末，将“附属单位上级预算收入”科目本年发生额中的专项资金收入转入非财政拨款结转，借记“附属单位上级预算收入”科目，贷记“非财政拨款结转——本年收支结转”科目；预算会计不作处理。将“附属单位上级预算收入”科目本年发生额中的非专项资金收入转入其他结余，预算会计借记“附属单位上级预算收入”科目，贷记“其他结余”科目，结转后无余额。

案例 16-8：2×19 年 12 月，江东大学收到学校后勤服务中心上缴款 80 万元。月末，将该项收入进行结转。

经济业务	财务会计账务处理	预算会计账务处理
收到款项	借：银行存款　800 000 　贷：附属单位上缴收入　800 000	借：资金结存——货币资金　800 000 　贷：附属单位上缴预算收入　800 000
期末/年末结转	借：附属单位上缴收入　800 000 　贷：本期盈余　800 000	借：附属单位上缴预算收　800 000 　贷：其他结余　800 000

第七节　非同级财政拨款收入

一、概述

非同级财政拨款收入指从非同级政府财政部门取得的经费拨款，包括从同级政府其他部门取得的横向转拨财政款、从上级或下级政府财政部门取得的经费拨款等。财务会计通过“非同级财政拨款收入”科目核算，预算会计通过“非同级财政拨款预算收入”科目核算。

二、账务处理

（一）按照应收方式确认的业务，按照应收金额财务会计借记“其他应收款”等科目，贷记“非同级财政拨款收入”科目；预算会计不作处理。实际收到款项，按照实际收到的款项财务会计借记“银行存款”等科目，贷记“其他应收款”科目；预算会计借记“资金结存——货币资金”科目，贷记“非同级财政拨款预算收入”科目。

（二）按照实际收款方式确认的业务，按照实际收到的款项财务会计借记“银行存款”等科目，贷记“非同级财政拨款收入”科目；预算会计借记“资金结存——货币资金”科目，贷记“非同级财政拨款预算收入”科目。

（三）期末，将“非同级财政拨款收入”科目本期发生额转入本期盈余，财务会计借记“非同级财政拨款收入”科目，贷记“本期盈余”科目，结转后无余额；预算会计不作处理。年末，将“非同级财政拨款预算收入”科目本年发生额中的专项资金收入转入非财政拨款结转，预算会计借记“非同级财政拨款预算收入”科目，贷记“非财政拨款结转——本年收支结转”科目。将“非同级财政拨款预算收入”科目本年发生额中的非专项资金收入转入其他结余，预算会计借记“非同级财政拨款预算收入”科目，贷记“其他结余”科目，结转后无余额。

案例 16-9：2×19 年 7 月，江东大学收到省医保中心教职工和离退休人员医疗包干费 138 万元，期末/年末将该项收入进行结转。

经济业务	财务会计账务处理	预算会计账务处理
收到款项	借：银行存款 1 380 000 贷：非同级财政拨款收入 1 380 000	借：资金结存——货币资金 1 380 000 贷：非同级财政拨款预算收入 1 380 000
期末/年末结转	借：非同级财政拨款收入 1 380 000 贷：本期盈余 1 380 000	借：非同级财政拨款预算收入 1 380 000 贷：非财政拨款结转——本年收支结转 1 380 000

第八节 债务收入

一、概述

债务收入指高校按照规定从银行和其他金融机构等借入的、纳入部门预算管理的、不以财政资金作为偿还来源的债务本金，预算会计通过“债务预算收入”科目核算，财务会计不作收入处理。

二、账务处理

（一）借入各项短期或长期借款，财务会计借记“银行存款”，贷记“短期借款”“长期借款”等科目；预算会计借记“资金结存——货币资金”科目，贷记“债务预算收入”。

（二）年末，将“债务预算收入”科目本年发生额中的专项资金收入转入非财政拨款结转，借记“债务预算收入”科目，贷记“非财政拨款结转——本年收支结转”科目。将“债务预算收入”科目本年发生额中的非专项资金收入转入其他结余，预算会计借记“债务预算收入”科目，贷记“其他结余”科目，结转后无余额。

案例 16－10：2×19 年 10 月，江东大学和中国银行签订固定资产借款合同，用于学生公寓 J 组团建设。合同金额 2 700 万元，借款期限 60 个月，借款利率为五年期贷款基准利率，分月付息到期还本。期末/年末债务收入进行结转。

经济业务	财务会计账务处理	预算会计账务处理
借入款项时	借：银行存款 27 000 000 贷：长期借款——本金 27 000 000	借：资金结存——货币资金 27 000 000 贷：债务预算收入 27 000 000
期末/年末结转	不作处理	借：债务预算收入 27 000 000 贷：非财政拨款结转——本年收支结转 27 000 000

第九节 捐赠收入

一、概述

捐赠收入指高校接受其他单位或者个人捐赠取得的收入。财务会计通过“捐赠收入”科目核算，预算会计通过“捐赠预算收入”科目核算。

二、账务处理

（一）取得货币资金捐赠，按照实际收到的金额，财务会计借记“库存现金”“银行存款”等科目，贷记“捐赠收入”；预算会计借记“资金结存——货币资金”科目，贷记“捐赠预算收入”科目。

（二）取得非现金资产捐赠，按照确定的成本财务会计借记“库存物品”“固定资产”等科目，贷记“捐赠收入”科目；预算会计不作处理。如发生捐赠资产相关的税费和运输费等的，按确定的成本计价，需扣除相关费用；按照名义金额入账的，相关费用财务会计计入“其他费用”科目；预算会计借记“其他支出”科目，贷记“资金结转——货币资金”科目。

（三）期末，将“捐赠收入”科目本期发生额转入本期盈余，财务会计借记“捐赠收入”科目，贷记“本期盈余”科目，结转后无余额。年末，将“捐赠预算收入”科目本年发生额中的专项资金收入转入非财政拨款结转，预算会计借记“捐赠预算收入”科目，贷记“非财政拨款结转——本年收支结转”科目。将“捐赠预算收入”科目本年发生额中的非专项资金收入转入其他结余，预算会计借记“捐赠预算收入”科目，贷记“其他结余”科目，结转后无余额。

案例 16－11：2×19 年 9 月，江东大学接受校友捐赠 500 万元，成立“A 助学资金”。期末/年末，捐赠收入进行结转。

经济业务	财务会计账务处理	预算会计账务处理
收到捐款时	借：银行存款 5 000 000 贷：捐赠收入 5 000 000	借：资金结存——货币资金 5 000 000 贷：捐赠预算收入 5 000 000
期末/年末结转	借：捐赠收入 5 000 000 贷：本期盈余 5 000 000	借：捐赠预算收入 5 000 000 贷：非财政拨款结转——本年收支结转 5 000 000

第十节 利息收入

一、概述

利息收入指高校取得的银行存款利息收入。财务会计通过“利息收入”科目核算，预算会计通过“其他预算收入”科目核算。

二、账务处理

1. 取得银行存款利息，按照实际收到的金额，财务会计借记“银行存款”科目，贷记“利息收入”科目；预算会计借记“资金结存——货币资金”科目，贷记“其他预算收入”科目。

2. 期末，将“利息收入”科目本期发生额转入本期盈余，财务会计借记“利息收入”科目，贷记“本期盈余”科目，结转后无余额。年末，将“其他预算收入”科目本年发生额中的专项资金收入转入非财政拨款结转，预算会计借记“其他预算收入”科目，贷记“非财政拨款结转——本年收支结转”科目。将“其他预算收入”科目本年发生额中的非专项资金收入转入其他结余，预算会计借记“其他预算收入”科目，贷记“其他结余”科目，结转后无余额。

案例 16-12：2×19 年 3 月，收到中国建设银行利息通知单，一季度利息收入 86 万元。

经济业务	财务会计账务处理	预算会计账务处理
收到利息	借：银行存款 860 000 　贷：利息收入 860 000	借：资金结存——货币资金 860 000 　贷：其他预算收入——利息收入 860 000

第十一节 其他收入

一、概述

其他收入指高校除上述业务外的收入，主要包括现金盘盈、科技成果转化、无法偿付的应付及预收款项处置等。财务会计通过“其他收入”科目核算，预算会计通过“其他预算收入”科目核算。

二、账务处理

1. 现金溢余。每日现金账款核对中发现现金溢余待处理，财务会计借记“库存现金”

科目，贷记“待处理财产损溢”科目；预算会计借记“资金结存——货币资金”科目，贷记“其他预算收入”科目；属于无法查明原因的部分，报经批准后借记“待处理财产损溢”科目，贷记“其他收入”科目；预算会计不作处理。

2. 科技成果转化。科技成果转化收入单位科技成果转化所取得的收入，按照规定留归本单位的，按照所取得收入扣除相关费用之后的净收益，财务会计借记“银行存款”等科目，贷记“其他收入”科目；预算会计借记“资金结存——货币资金”，贷记“其他预算收入”科目。

3. 无法偿付的应付及预收款项。无法偿付或债权人豁免偿还的应付账款、预收账款、其他应付款及长期应付款，财务会计借记“应付账款”“预收账款”“其他应付款”“长期应付款”等科目，贷记“其他收入”科目；预算会计不作处理。

4. 其他情况。按照应收确认收入的，财务会计借记“其他应收款”科目，贷记“其他收入”科目；预算会计不作处理。实际收到或实收金额确认收入的，财务会计借记“库存现金”“银行存款”科目，贷记“其他收入”“其他应收款”科目；预算会计借记“资金结存——货币资金”，贷记“其他预算收入”科目。

5. 期末。将“其他收入”科目本期发生额转入本期盈余，财务会计借记“其他收入”科目，贷记“本期盈余”科目，结转后无余额。年末，将“其他预算收入”科目本年发生额中的专项资金收入转入非财政拨款结转，预算会计借记“其他预算收入”科目，贷记“非财政拨款结转——本年收支结转”科目。将“其他预算收入”科目本年发生额中的非专项资金收入转入其他结余，预算会计借记“其他预算收入”科目，贷记“其他结余”科目，结转后无余额。

案例 16－13：2×19 年 11 月 12 日，江东大学财务部门在现金盘点中发现现金溢余 3 200 元，通过进一步核查发现：应付给某单位的投标保证金 3 000 元未付，其余 200 元无法查明原因。期末/年末，其他收入进行结转。

经济业务	财务会计账务处理	预算会计账务处理
盘点发现溢余时	借：库存现金　3 200 　贷：待处理财产损溢　3 200	借：资金结余——货币资金　3 200 　贷：其他预算收入　3 200
属于支付给其他单位的部分	借：待处理财产损溢　3 000 　贷：其他应付款　3 000	不作处理
	借：其他应付款　3 000 　贷：库存现金　3 000	借：其他预算收入　3 000 　贷：资金结余——货币资金　3 000
无法查明原因的，经批准后	借：待处理财产损溢　200 　贷：其他收入　200	不作处理
期末/年末，结转	借：其他收入　200 　贷：本期盈余　200	借：其他预算收入　200 　贷：其他结余　200

第十七章

期末结转业务

本章内容简介：

期末结转业务是指高校按照会计法规定的会计期间，在月末或年末进行的一种期末结转和财务总结，以反映高校在本期间内的财务状况、事业成果和预算执行情况，并为下一年财务运行奠定基础。根据《政府会计制度》具体分为财务会计期末结转和预算会计期末结转。

第一节　财务会计期末结转

一、概述

财务会计期末结转包括月末结转和年末结转，是指高校在每月月末将各类收入和费用的本期发生额转入"本期盈余"，年末将"本期盈余"结转至"本年盈余分配"及对本年盈余进行分配提取专用基金，并将"本年盈余分配"及"无偿调拨净资产"的科目余额结转至"累计盈余"科目的业务。

二、账务处理

（一）月末结转

1. 结转收入。借记"财政拨款收入""事业收入""上级补助收入""附属单位上缴收入""经营收入""非同级财政拨款收入""投资收益""捐赠收入""利息收入""租金收入""其他收入"科目，贷记"本期盈余"科目。

2. 结转费用。借记"本期盈余"科目，贷记"业务活动费用""单位管理费用""经营费用""所得税费用""资产处置费用""上缴上级费用""对附属单位补助费用""其他费用"科目。

案例17－1： 2×19年4月，江东大学财政拨款收入250万元，事业收入150万元，附属单位上缴收入100万元，利息收入10万元，业务活动费用250万元，单位管理费用120万元，上缴上级费用80万元，所得税费用30万元。

经济业务		财务会计账务处理
2×19 年 4 月收入费用结转	收入结转	借：财政拨款收入　2 500 000 　事业收入　1 500 000 　附属单位上缴收入　1 000 000 　利息收入　100 000 　贷：本期盈余　5 100 000
	费用结转	借：本期盈余　4 800 000 　贷：业务活动费用　2 500 000 　　单位管理费用　1 200 000 　　上缴上级费用　800 000 　　所得税费用　300 000

（二）年末结转

1. 本期盈余结转。年末，将“本期盈余”科目余额转入“本年盈余分配”科目，借记或贷记“本期盈余”科目，贷记或借记“本年盈余分配”科目。

2. 提取专用基金。年末，根据有关规定从本年度非财政拨款结余或经营结余中提取专用基金的，按照预算会计下计算的提取金额，借记“本年盈余分配”科目，贷记“专用基金”科目。

3. 本年盈余分配结转。年末，将“本年盈余分配”科目的余额转入累计盈余，借记或贷记“本年盈余分配”科目，贷记或借记“累计盈余”科目。

4. 无偿调拨净资产结转。年末，将“无偿调拨净资产”科目的余额转入累计盈余，借记或贷记“无偿调拨净资产”科目，贷记或借记“累计盈余”科目。

案例 17－2：2×19 年 12 月 30 日，江东大学“本期盈余”贷方余额 200 万元，2×19 年 12 月财政拨款收入 300 万元，事业收入 200 万元，附属单位上缴收入 100 万元，利息收入 10 万元，业务活动费用 280 万元，单位管理费用 100 万元，上缴上级费用 100 万元，所得税费用 30 万元，2×19 年提取专用基金 100 万元。

经济业务		财务会计账务处理
2×19 年 12 月收入费用结转	收入结转	借：财政拨款收入　3 000 000 　事业收入　2 000 000 　附属单位上缴收入　1 000 000 　利息收入　100 000 　贷：本期盈余　6 100 000
	费用结转	借：本期盈余　5 100 000 　贷：业务活动费用　2 800 000 　　单位管理费用　1 000 000 　　上缴上级费用　1 000 000 　　所得税费用　300 000

续表

经济业务		财务会计账务处理
2×19 年 12 月 31 日本年盈余分配	本期盈余结转	借：本期盈余 3 000 000 贷：本年盈余分配 3 000 000
	提取专用基金	借：本年盈余分配 1 000 000 贷：专用基金 1 000 000
2×19 年 12 月 31 日结转累计盈余	本年盈余分配结转	借：本年盈余分配 2 000 000 贷：累计盈余 2 000 000

第二节 预算会计期末结转

一、概述

预算会计期末结转是指高校在年末将各类预算收入和支出的本年发生额转入结转或结余账户，并对非财政拨款结余进行分配的业务。

注意事项：预算会计期末结转在年末，比较复杂，要注意区分财政拨款结转、非财政拨款结转、经营收支结转及其他收支结转等。

二、账务处理

（一）财政拨款结转

1. 本年收入结转。年末，将财政拨款预算收入本年发生额转入财政拨款结转，借记“财政拨款预算收入”科目，贷记“财政拨款结转——本年收支结转”科目。

2. 本年支出结转。年末，将各项支出中财政拨款支出本年发生额转入财政拨款结转，借记“财政拨款结转——本年收支结转”科目，贷记“事业支出”等科目下财政拨款支出明细科目。

3. 累计结转。年末冲销有关明细科目余额，将“财政拨款结转——本年收支结转、年初余额调整、归集调入、归集调出、归集上缴、单位内部调剂”科目余额转入“财政拨款结转——累计结转”科目。

4. 转入结余。年末完成累计结转后，对财政拨款结转各明细项目执行情况进行分析，按照有关规定将符合财政拨款结余性质的项目余额转入财政拨款，借记“财政拨款结转——累计结转”科目，贷记“财政拨款结余——结转转入”科目。

5. 转入累计结余。年末冲销有关明细科目余额，将“财政拨款结余——年初余额调整、归集上缴、单位内部调剂、结转转入”科目余额转入“财政拨款结余——累计结余”科目。

（二）非财政拨款结转

1. 本年收入结转。年末，将事业预算收入、上级补助预算收入、附属单位上缴预算收入、非同级财政拨款预算收入、债务预算收入、其他预算收入本年发生额中的专项资金收入转入非财政拨款结转，借记“事业预算收入”“上级补助预算收入”“附属单位上缴预算收入”“非同级财政拨款预算收入”“债务预算收入”“其他预算收入”科目下各专项资金收入明细科目，贷记“非财政拨款结转——本年收支结转”科目。

2. 本年支出结转。年末，将事业支出、其他支出本年发生额中的非财政拨款专项资金支出转入非财政拨款结转，借记“非财政拨款结转——本年收支结转”科目，贷记“事业支出”“其他支出”科目下各非财政拨款专项资金支出明细科目。

3. 累计结转。年末冲销有关明细科目余额，将“非财政拨款结转”科目下“年初余额调整”“项目间接费用或管理费”“缴回资金”“本年收支结转”科目余额转入“非财政拨款结转——累计结转”科目。

4. 转入结余。年末完成累计结转后，对非财政拨款专项结转资金各项目情况进行分析，将留归本单位使用的非财政拨款专项（项目已完成）剩余资金转入非财政拨款结余，借记“非财政拨款结转——累计结转”科目，贷记“非财政拨款结余——结转转入”科目。

5. 转入累计结余。年末冲销有关明细科目余额，将“非财政拨款结余——年初余额调整、项目间接费用或管理费、结转转入”科目余额结转入“非财政拨款结余——累计结余”科目。

（三）经营收支结转

1. 本年收入结转。年末，将经营预算收入本年发生额转入经营结余，借记“经营预算收入”科目，贷记“经营结余”科目。

2. 本年支出结转。年末，将经营支出本年发生额转入经营结余，借记“经营结余”科目，贷记“经营支出”科目。

3. 转入非财政拨款结余分配。年末，完成收支结转后，如经营结余科目为贷方余额，将贷方余额转入非财政拨款结余分配，借记“经营结余”科目，贷记“非财政拨款结余分配”科目；如“经营结余”科目为借方余额，为经营亏损，不予结转。

（四）其他收支结转

1. 本年收入结转。年末，将事业预算收入、上级补助预算收入、附属单位上缴预算收入、非同级财政拨款预算收入、债务预算收入、其他预算收入本年发生额中的非专项资金收入以及投资预算收益本年发生额转入其他结余，借记“事业预算收入”“上级补助预算收入”“附属单位上缴预算收入”“非同级财政拨款预算收入”“债务预算收入”“其他预算收入”科目下各非专项资金收入明细科目和“投资预算收益”科目，贷记“其他结余”科目（“投资预算收益”科目本年发生额如为借方净额，借记“其他结余”科目，贷记“投资预算收益”科目）。

2. 本年支出结转。年末，将事业支出、其他支出本年发生额中的非同级财政、非专项资金支出，以及上缴上级支出、对附属单位补助支出、投资支出、债务还本支出本年发生额转入其他结余，借记“其他结余”科目，贷记“事业支出”“其他支出”科目下各非同级财政、非专项资金支出明细科目和“上缴上级支出”“对附属单位补助支出”“投资支出”“债务还本支出”科目。

3. 转入非财政拨款结余分配。年末，完成收支结转后，将其他结余余额转入“非财政拨款结余分配”科目。其他结余科目如为贷方余额，借记“其他结余”科目，贷记“非财政拨款结余分配”科目；其他结余科目如为借方余额，借记“非财政拨款结余分配”科目，贷记“其他结余”科目。

（五）非财政拨款结余分配

1. 提取专用基金。根据有关规定提取专用基金的，按照提取的金额，借记“非财政拨款结余分配”科目，贷记“专用结余”科目。

2. 转入非财政拨款结余。年末，将“非财政拨款结余分配”科目余额转入非财政拨款结余。“非财政拨款结余分配”科目为借方余额的，借记“非财政拨款结余——累计结余”科目，贷记“非财政拨款结余分配”科目；“非财政拨款结余分配”科目为贷方余额的，借记“非财政拨款结余分配”科目，贷记“非财政拨款结余——累计结余”科目。

案例 17－3：2×19 年，江东大学财政拨款预算收入 1 800 万元，事业预算收入（专项资金）400 万元，事业预算收入（非专项资金）300 万元，上级补助预算收入（专项资金）200 万元，附属单位上缴预算收入（非专项资金）200 万元，经营预算收入 100 万元，事业支出（财政拨款支出）500 万元，其他支出（财政拨款支出）200 万元；事业支出（非财政拨款专项资金支出）300 万元、其他支出（非财政拨款专项资金支出）50 万元，事业支出（非同级财政、非专项资金支出）100 万元、其他支出（非同级财政、非专项资金支出）100 万元，上缴上级支出 200 万元，经营支出 50 万元，计提专用基金 100 万元。

<table>
<tr><th colspan="2">经济业务</th><th colspan="2">预算会计账务处理</th></tr>
<tr><td rowspan="5">2×19 年 12 月 31 日财政拨款结转</td><td>本年收入结转</td><td>借：财政拨款预算收入
　贷：财政拨款结转——本年收支结转</td><td>18 000 000
18 000 000</td></tr>
<tr><td>本年支出结转</td><td>借：财政拨款结转——本年收支结转
　贷：事业支出
　　其他支出</td><td>7 000 000
5 000 000
2 000 000</td></tr>
<tr><td>累计结转</td><td>借：财政拨款结转——本年收支结转
　贷：财政拨款结转——累计结转</td><td>11 000 000
11 000 000</td></tr>
<tr><td>转入结余（假设全部符合结余性质）</td><td>借：财政拨款结转——累计结转
　贷：财政拨款结余——结转转入</td><td>11 000 000
11 000 000</td></tr>
<tr><td>转入累计结余</td><td>借：财政拨款结余——结转转入
　贷：财政拨款结余——累计结余</td><td>11 000 000
11 000 000</td></tr>
</table>

续表

经济业务		预算会计账务处理
2×19年12月31日非财政拨款结转	本年收入结转	借：事业预算收入 4 000 000 　上级补助预算收入 2 000 000 　贷：非财政拨款结转——本年收支结转 6 000 000
	本年支出结转	借：非财政拨款结转——本年收支结转 3 500 000 　贷：事业支出 3 000 000 　　其他支出 500 000
	累计结转	借：非财政拨款结转——本年收支结转 2 500 000 　贷：非财政拨款结转——累计结转 2 500 000
	转入结余（假设项目已完成全部留归本单位）	借：非财政拨款结转——累计结转 2 500 000 　贷：非财政拨款结余——结转转入 2 500 000
	转入累计结余	借：非财政拨款结余——结转转入 2 500 000 　贷：非财政拨款结余——累计结余 2 500 000
2×19年12月31日经营收支结转	本年收入结转	借：经营预算收入 1 000 000 　贷：经营结余 1 000 000
	本年支出结转	借：经营结余 500 000 　贷：经营支出 500 000
	转入非财政拨款结余分配	借：经营结余 500 000 　贷：非财政拨款结余分配 500 000
2×19年12月31日其他收支结转	本年收入结转	借：事业预算收入 3 000 000 　附属单位上缴预算收入 2 000 000 　贷：其他结余 5 000 000
	本年支出结转	借：其他结余 4 000 000 　贷：事业支出 1 000 000 　　其他支出 1 000 000 　　上缴上级支出 2 000 000
	转入非财政拨款结余分配	借：其他结余 1 000 000 　贷：非财政拨款结余分配 1 000 000
2×19年12月31日非财政拨款结余分配	计提专用基金	借：非财政拨款结余分配 1 000 000 　贷：专用结余 1 000 000
	转入非财政拨款结余	借：非财政拨款结余分配 500 000 　贷：非财政拨款结余——累计结余 500 000

附录：

高等学校会计科目具体设置要求和建议

高等学校的一级科目编码与财政部规定保持一致，二级及以下科目编码根据高等学校实际情况增设、减少或合并。

高等学校会计科目编号为4位数字组成。其中，第一位数字代表科目的类别或会计要素类型，“1”代表财务会计资产类科目，“2”代表财务会计负债类科目，“3”代表财务会计净资产类科目，“4”代表财务会计收入类科目，“5”代表财务会计费用类科目，“6”代表预算会计预算收入类科目，“7”代表预算会计预算支出类科目，“8”代表预算会计预算结余类科目，“9”代表预算类辅助核算账户。后三位数代表会计科目的序号。

高等学校会计科目的编码和具体明细科目建议设置情况见下表。

序号	一级编号	一级科目明细	二级编号	二级科目明细	三级编号	三级科目明细	财务核算要求
一、资产类							
1	1001	库存现金	1001.1	根据各单位需要设置二级明细	—	—	根据现金流量表科目进行项目核算
			1001.9	受托代理资产	1001.9.1	党费	根据现金流量表科目进行项目核算
					1001.9.2	团费	根据现金流量表科目进行项目核算
					1101.9.3	会费	根据现金流量表科目进行项目核算
					…	…	
2	1002	银行存款	1002.1	根据各单位需要设置二级明细	—	—	根据现金流量表科目进行项目核算
			1002.9	受托代理资产	1002.9.1	党费	根据现金流量表科目进行项目核算
					1002.9.2	团费	
					1102.9.3	会费	
					…	…	
3	1021	其他货币资金	1021.1	外埠存款		根据各单位需要设置三级明细	根据现金流量表科目进行项目核算

续表

序号	一级编号	一级科目明细	二级编号	二级科目明细	三级编号	三级科目明细	财务核算要求
			1021.2	银行本票存款		根据各单位需要设置三级明细	根据现金流量表科目进行项目核算
			1021.3	银行汇票存款		根据各单位需要设置三级明细	根据现金流量表科目进行项目核算
			1021.4	信用卡存款		根据各单位需要设置三级明细	根据现金流量表科目进行项目核算
			…	…			根据现金流量表科目进行项目核算
4	1011	零余额账户用款额度	1011.1	预算内直接支付	—	—	根据现金流量表科目进行项目核算
			1011.2	预算外直接支付	—	—	根据现金流量表科目进行项目核算
			1011.3	预算内授权支付	—	—	根据现金流量表科目进行项目核算
			1011.4	预算外授权支付	—	—	根据现金流量表科目进行项目核算
5	1201	财政应返还额度	1201.1	预算内直接支付	—	—	根据现金流量表科目进行项目核算
			1201.2	预算外直接支付	—	—	根据现金流量表科目进行项目核算
			1201.3	预算内授权支付	—	—	根据现金流量表科目进行项目核算
			1201.4	预算外授权支付	—	—	根据现金流量表科目进行项目核算
6	1101	短期投资	1101.1	股权投资	—	按投资对象设置三级明细	
			1101.2	债券投资		按投资对象设置三级明细	
7	1211	应收票据	1211.1	银行承兑汇票	—	—	根据往来单位进行往来核算
			1211.2	商业承兑汇票	—	—	根据往来单位进行往来核算

续表

序号	一级编号	一级科目明细	二级编号	二级科目明细	三级编号	三级科目明细	财务核算要求
8	1212	应收账款		根据各单位需要设置二级明细			根据往来单位进行往来核算
9	1214	预付账款	1214.1	财政补助预付款		根据各单位需要设置三级明细	根据往来单位进行往来核算
			1214.2	非财政补助预付款		根据各单位需要设置三级明细	根据往来单位进行往来核算
			1214.3	专用基金预付款		根据各单位需要设置三级明细	根据往来单位进行往来核算
			1214.4	基建项目	1214.4.1	预付备料款	根据往来单位进行往来核算
					1214.4.2	预付工程款	根据往来单位进行往来核算
					1214.4.99	其他预付款	根据往来单位进行往来核算
			1214.99	其他预付款		根据各单位需要设置三级明细	根据往来单位进行往来核算
10	1215	应收股利		按投资种类设置二级明细	—	按投资对象设置三级明细	根据往来单位进行往来核算
11	1216	应收利息		按投资种类设置二级明细	—	按投资对象设置三级明细	根据往来单位进行往来核算
12	1218	其他应收款	1218.1	财政补助预付款		根据各单位需要设置三级明细	根据往来单位进行往来核算
			1218.2	非财政补助预付款		根据各单位需要设置三级明细	根据往来单位进行往来核算
			1218.3	专用基金预付款		根据各单位需要设置三级明细	根据往来单位进行往来核算
			1218.4	基建项目		根据各单位需要设置三级明细	根据往来单位进行往来核算

续表

序号	一级编号	一级科目明细	二级编号	二级科目明细	三级编号	三级科目明细	财务核算要求
			1218.99	其他预付款		根据各单位需要设置三级明细	根据往来单位进行往来核算
13	1219	坏账准备	1219.1	应收账款坏账准备		根据各单位需要设置三级明细	
			1219.2	其他应收款坏账准备		根据各单位需要设置三级明细	
14	1301	在途物品	1301.1	实验耗材及元器件		根据各单位需要设置三级明细	根据具体项目进行项目核算
			1301.2	专用服装及劳保用品		根据各单位需要设置三级明细	根据具体项目进行项目核算
			1301.3	专用工具和仪器		根据各单位需要设置三级明细	根据具体项目进行项目核算
			1301.4	体育器材		根据各单位需要设置三级明细	根据具体项目进行项目核算
			1301.99	其他在途物品		根据各单位需要设置三级明细	根据具体项目进行项目核算
15	1302	库存物品	1302.1	实验耗材及元器件		根据各单位需要设置三级明细	根据具体项目进行项目核算
			1302.2	专用服装及劳保用品		根据各单位需要设置三级明细	根据具体项目进行项目核算
			1302.3	专用工具和仪器		根据各单位需要设置三级明细	根据具体项目进行项目核算
			1302.4	体育器材		根据各单位需要设置三级明细	根据具体项目进行项目核算
			1302.99	其他库存物品		根据各单位需要设置三级明细	根据具体项目进行项目核算

续表

序号	一级编号	一级科目明细	二级编号	二级科目明细	三级编号	三级科目明细	财务核算要求
16	1303	加工物品	1303.1	自制物品	1303.1.1	直接材料	根据具体项目进行项目核算
					1303.1.2	直接人工	根据具体项目进行项目核算
					1303.1.9	其他直接费用	根据具体项目进行项目核算
					1303.1.99	间接费用	根据具体项目进行项目核算
			1303.2	委托加工物品		根据各单位需要设置三级明细	根据具体项目进行项目核算
17	1401	待摊费用		根据种类设置二级明细	—	—	
18	1501	长期股权投资	1501.1	成本		按被投资单位设置三级明细	
			1501.2	损益调整		按被投资单位设置三级明细	
			1501.9	其他权益变动		按被投资单位设置三级明细	
19	1502	长期债券投资	1502.1	成本		按被投资单位设置三级明细	
			1502.2	应计利息		按被投资单位设置三级明细	
20	1601	固定资产	1601.1	房屋及构筑物		根据各单位需要设置三级明细	根据具体项目进行项目核算
			1601.2	专用设备		根据各单位需要设置三级明细	根据具体项目进行项目核算
			1601.3	通用设备		根据各单位需要设置三级明细	根据具体项目进行项目核算
			1601.4	文物和陈列品		根据各单位需要设置三级明细	根据具体项目进行项目核算

续表

序号	一级编号	一级科目明细	二级编号	二级科目明细	三级编号	三级科目明细	财务核算要求
			1601.5	图书、档案		根据各单位需要设置三级明细	根据具体项目进行项目核算
			1601.6	家具、用具、装具及动植物		根据各单位需要设置三级明细	根据具体项目进行项目核算
21	1602	固定资产累计折旧	1602.1	房屋及构筑物		根据各单位需要设置三级明细	
			1602.2	专用设备		根据各单位需要设置三级明细	
			1602.3	通用设备		根据各单位需要设置三级明细	
			1602.4	文物和陈列品		根据各单位需要设置三级明细	
			1602.5	图书、档案		根据各单位需要设置三级明细	
			1602.6	家具、用具、装具及动植物		根据各单位需要设置三级明细	
22	1611	工程物资	1611.1	库存材料		根据各单位需要设置三级明细	
			1611.2	库存设备		根据各单位需要设置三级明细	
			…	…		根据各单位需要设置三级明细	
23	1613	在建工程	1613.1	建筑安装工程投资	1613.1.1	建筑工程	
					1613.1.2	安装工程	
			1613.2	设备投资		按基建项目三级明细核算	

续表

序号	一级编号	一级科目明细	二级编号	二级科目明细	三级编号	三级科目明细	财务核算要求
			1613.3	待摊投资	1613.3.1	项目前期费用	
					1613.3.2	土地征地补偿费	
					1613.3.3	税费	
					1613.3.4	项目建设管理费	
					1613.3.5	利息支出	
					1613.3.6	检验检测类费用	
					1613.3.7	物资损失	
					1613.3.8	信息工程费用	
					1613.3.9	其他待摊投资	
			1613.4	其他投资	1613.4.1	房屋购置	
					1613.4.2	基本畜禽支出	
					1613.4.3	林木支出	
					1613.4.4	办公生活用家具、器具购置	
					1613.4.5	可行性研究固定资产购置	
					1613.4.6	无形资产	
			1613.5	待核销基建支出		按基建项目三级明细核算	
			1613.6	基建转出投资		按基建项目三级明细核算	
24	1701	无形资产		根据资产种类设置二级明细			根据具体项目进行项目核算
25	1702	无形资产累计摊销		根据资产种类设置二级明细			

续表

序号	一级编号	一级科目明细	二级编号	二级科目明细	三级编号	三级科目明细	财务核算要求
26	1703	研发支出	1703.1	研究支出		按费用项设置三级明细	根据具体项目进行项目核算
			1703.2	开发支出		按费用项设置三级明细	根据具体项目进行项目核算
27	1801	公共基础设施	—	—	—	—	省属高校无此业务
28	1802	公共基础设施累计折旧（摊销）	—	—	—	—	省属高校无此业务
29	1811	政府储备物资	—	—	—	—	省属高校无此业务
30	1821	文物文化资产	—	—	—	—	省属高校无此业务
31	1831	保障性住房	—	—	—	—	省属高校无此业务
32	1832	保障性住房累计折旧	—	—	—	—	省属高校无此业务
33	1891	受托代理资产	1891.1	党费		按单位需要设置三级明细	
			1891.2	团费		按单位需要设置三级明细	
			1891.3	会费		按单位需要设置三级明细	
			…	…			
34	1901	长期待摊费用		根据费用项目设置二级明细			根据具体项目进行项目核算
35	1902	待处理财产损溢	1902.1	待处理财产价值	1902.1.1	库存现金	
					1902.1.2	库存物品	
					1902.1.3	固定资产	
					1902.1.4	无形资产	
			1902.2	处理净收入			

续表

序号	一级编号	一级科目明细	二级编号	二级科目明细	三级编号	三级科目明细	财务核算要求
二、负债类							
36	2001	短期借款		按借款种类设置二级明细		按债权人设置三级明细	
37	2101	应交增值税	2101.1	应交税金	2101.1.1	进行税额	如属小规模纳税人，只需设置“转让金融商品应交增值税”“代扣代交增值税”二级明细
					2101.1.2	已交税金	
					2101.1.3	转出未交增值税	
					2101.1.4	减免税款	
					2101.1.5	销项税额	
					2101.1.6	进行税额转出	
					2101.1.7	转出多交增值税	
			2101.2	未交税金	—	—	
			2101.3	预交税金	—	—	
			2101.4	待抵扣进行税额	—	—	
			2101.5	待认证进行税额	—	—	
			2101.6	待转销项税额	—	—	
			2101.7	简易计税	—	—	
			2101.8	转让金融商品应交增值税	—	—	
			2101.9	代扣代交增值税	—	—	
38	2102	其他应交税费	2102.1	个人所得税	—	—	
			2102.2	企业所得税	—	—	
			2102.3	房产税	—	—	
			2102.4	城市建设维护税	—	—	
			2102.5	教育附加费	—	—	
			2102.99	其他应缴税费	—	—	
39	2103	应缴财政款	2103.1	应缴国库款	2103.1.1	国有资产处置收入	
			2103.2	应缴财政专户款	2103.2.1	学费	
					2103.2.2	住宿费	

续表

序号	一级编号	一级科目明细	二级编号	二级科目明细	三级编号	三级科目明细	财务核算要求
					2103.2.3	委托培养费	
					2103.2.4	函授、夜大学费及短训班培训费	
					2103.2.5	考试考务费	
					2103.2.9	其他非税收入	
40	2201	应付职工薪酬	2201.1	基本工资	2201.1.1	在职人员	
					2201.1.2	离休人员	
					2201.1.3	退休人员	
			2201.2	国家统一规定的津贴补贴	2201.2.1	在职人员	
					2201.2.2	离休人员	
					2201.2.3	退休人员	
			2201.3	规范津贴补贴（绩效工资）	2201.3.1	在职人员	
					2201.3.2	离休人员	
					2201.3.3	退休人员	
			2201.4	改革性补贴	2201.4.1	在职人员	
					2201.4.2	离休人员	
					2201.4.3	退休人员	
			2201.5	社会保险费	2201.5.1	单位负担	可再按险种设置明细
					2201.5.2	个人负担	可再按险种设置明细
			2201.6	住房公积金	2201.6.1	单位负担	
					2201.6.2	个人负担	
			2201.9	其他个人收入	2201.9.1	在职人员	
					2201.9.2	离休人员	
					2201.9.3	退休人员	
41	2301	应付票据		根据各单位需要设置二级明细	—	—	根据往来单位进行往来核算
42	2302	应付账款		根据各单位需要设置二级明细	—	—	根据往来单位进行往来核算
43	2303	应付政府补贴款	—	—	—	—	省属高校无此业务

续表

序号	一级编号	一级科目明细	二级编号	二级科目明细	三级编号	三级科目明细	财务核算要求
44	2304	应付利息	2304.1	短期借款利息		按债权人设置三级明细	
			2304.2	长期借款利息		按债权人设置三级明细	
45	2305	预收账款		根据各单位需要设置二级明细			根据往来单位进行往来核算
46	2307	其他应付款	2307.1	保证金			根据往来单位进行往来核算
			2307.2	应付合同款			根据往来单位进行往来核算
			2307.3	转拨附属单位拨款			根据往来单位进行往来核算
			2307.4	基建其他应付款			根据往来单位进行往来核算
			2307.9	其他应付款			根据往来单位进行往来核算
47	2401	预提费用	2401.1	项目间接费用或管理费	2401.1.1	管理补偿费	根据具体项目进行项目核算
					2401.1.2	项目组管理费	根据具体项目进行项目核算
					2401.1.3	绩效支出	根据具体项目进行项目核算
			…	…	…	…	根据具体项目进行项目核算
48	2501	长期借款	2501.1	本金		按债权人设置三级明细	
			2501.2	应计利息		按债权人设置三级明细	
49	2502	长期应付款		根据各单位需要设置二级明细	—	—	根据往来单位进行往来核算
50	2601	预计负债		根据各单位需要设置二级明细			根据往来单位进行往来核算
51	2901	受托代理负债	2901.1	党费		按接受资产类型设置三级明细（现金，银行存款，受托代理资产）	
			2901.2	团费		按接受资产类型设置三级明细（现金，银行存款，受托代理资产）	

续表

序号	一级编号	一级科目明细	二级编号	二级科目明细	三级编号	三级科目明细	财务核算要求
			2901.3	会费		按接受资产类型设置三级明细（现金，银行存款，受托代理资产）	
			…	…			
三、净资产类							
52	3001	累计盈余	3001.1	事业基金			
			3001.2	非流动资产基金			
			3001.3	财政补助结转			
			3001.4	财政补助结余			
			3001.5	非财政补助结转			
			3001.6	经营结余			
53	3002	专用基金	3101.1	职工福利基金			
			3101.2	学生奖助基金			
			3101.3	科技成果转换基金			
			…	…			
54	3201	权益法调整		按被投资单位设置二级明细			
55	3301	本期盈余		根据各单位需要设置二级明细			
56	3302	本年盈余分配		根据各单位需要设置二级明细			
57	3401	无偿调拨净资产		根据各单位需要设置二级明细			
58	3501	以前年度盈余调整	3501.1	调整以前年度收入			
			3501.2	调整以前年度费用			
			3501.3	资产盘盈			
四、收入类							
59	4001	财政拨款收入	4001.1	教育补助收入			
			4001.2	科研补助收入			
			4001.3	政府性基金收入			

续表

序号	一级编号	一级科目明细	二级编号	二级科目明细	三级编号	三级科目明细	财务核算要求
			4001.9	其他补助收入			
60	4101	事业收入	4101.1	教育收入	4101.1.1	部门内部教育收入	按收费具体项目设置四级明细
					4101.1.2	同级财政单位教育收入	按收费具体项目设置四级明细
					4101.1.9	非同级财政教育收入	按收费具体项目设置四级明细
			4101.2	科研事业收入	4101.2.1	非同级财政拨款科研事业收入	四级应设置中央、地方科目。根据具体项目进行项目核算
					4101.2.2	横向科研事业收入	根据具体项目进行项目核算
61	4201	上级补助收入	4201.1	主管部门非财政拨款收入			根据具体项目进行项目核算
			4201.2	其他上级部门非财政拨款收入			根据具体项目进行项目核算
62	4301	附属单位上缴收入		按附属单位设置二级科目			
63	4401	经营收入					根据具体项目进行项目核算
64	4601	非同级财政拨款收入	4601.1	本级横向转拨财政款			根据具体项目进行项目核算
			4601.2	非本级财政拨款			根据具体项目进行项目核算
65	4602	投资收益	4602.1	股权投资			
			4602.2	债券投资			
66	4603	捐赠收入	4603.1	单位捐赠			
			4603.2	个人捐赠			
67	4604	利息收入					
68	4605	租金收入	4605.1	门面房出租收入			
			4605.2	场地出租收入			
			4605.3	设备出租收入			
			…	…			
69	4609	其他收入	4609.1	现金盘盈收入			根据具体项目进行项目核算
			4609.2	科技成果转化收入			根据具体项目进行项目核算
			4609.3	置换换出资产评估增值收入			根据具体项目进行项目核算

续表

序号	一级编号	一级科目明细	二级编号	二级科目明细	三级编号	三级科目明细	财务核算要求
			4609.9	其他收入			根据具体项目进行项目核算
70	4610	内部交易收入		按收入类型设置二级明细科目			根据具体项目进行项目核算
五、费用类							
71	5001	业务活动费用	5001.1	教育费用	5001.1.1	工资福利费用	按经济分类科目设置四级明细，根据具体项目进行项目核算，同时进行往来单位核算
					5001.1.2	商品和服务费用	
					5001.1.3	对个人和家庭的补助费用	
					5001.1.4	对企业补助费用	
					5001.1.5	固定资产折旧费	
					5001.1.6	无形资产摊销费	
					5001.1.7	计提专用基金	
			5001.2	科研费用	5001.2.1	工资福利费用	按经济分类科目设置四级明细，根据具体项目进行项目核算，同时进行往来单位核算
					5001.2.2	商品和服务费用	
					5001.2.3	对个人和家庭的补助费用	
					5001.2.4	对企业补助费用	
					5001.2.5	固定资产折旧费	
					5001.2.6	无形资产摊销费	
					5001.2.7	计提专用基金	

续表

序号	一级编号	一级科目明细	二级编号	二级科目明细	三级编号	三级科目明细	财务核算要求
			5001.3	内部交易费用	5001.3.1	工资福利费用	
					5001.3.2	商品和服务费用	
					5001.3.3	对个人和家庭的补助费用	按经济分类科目设置四级明细，根据具体项目进行项目核算，同时进行往来单位核算
					5001.3.5	固定资产折旧费	
					5001.3.6	无形资产摊销费	
72	5101	单位管理费用	5101.1	行政管理费用	5101.1.1	工资福利费用	
					5101.1.2	商品和服务费用	
					5101.1.3	对个人和家庭的补助费用	按经济分类科目设置四级明细，根据具体项目进行项目核算，同时进行往来单位核算
					5101.1.5	固定资产折旧费	
					5101.1.6	无形资产摊销费	
			5101.2	后勤保障费用	5101.2.1	工资福利费用	
					5101.2.2	商品和服务费用	
					5101.2.3	对个人和家庭的补助费用	按经济分类科目设置四级明细，根据具体项目进行项目核算，同时进行往来单位核算
					5101.2.5	固定资产折旧费	
					5101.2.6	无形资产摊销费	

续表

序号	一级编号	一级科目明细	二级编号	二级科目明细	三级编号	三级科目明细	财务核算要求
			5101.3	离退休费用	5101.3.1	工资福利费用	按经济分类科目设置四级明细，根据具体项目进行项目核算，同时进行往来单位核算
					5101.3.2	商品和服务费用	
					5101.3.3	对个人和家庭的补助费用	
					5101.3.5	固定资产折旧费	
					5101.3.6	无形资产摊销费	
			5001.4	内部交易费用	5001.4.1	工资福利费用	按经济分类科目设置四级明细，根据具体项目进行项目核算，同时进行往来单位核算
					5001.4.2	商品和服务费用	
					5001.4.3	对个人和家庭的补助费用	
					5001.4.5	固定资产折旧费	
					5001.4.6	无形资产摊销费	
			5101.5	单位统一负担的其他管理费用	5101.5.1	工资福利费用	按经济分类科目设置四级明细，根据具体项目进行项目核算，同时进行往来单位核算
					5101.5.2	商品和服务费用	
					5101.5.3	对个人和家庭的补助费用	
					5101.5.5	固定资产折旧费	
					5101.5.6	无形资产摊销费	

续表

序号	一级编号	一级科目明细	二级编号	二级科目明细	三级编号	三级科目明细	财务核算要求
73	5201	经营费用	5201.1	工资福利费用			按经济分类科目设置三级明细，根据具体项目进行项目核算，同时进行往来单位核算
			5201.2	商品和服务费用			
			5201.3	对个人和家庭的补助费用			
			5201.5	固定资产折旧费			
			5201.6	无形资产摊销费			
74	5301	资产处置费用	5301.1	库存物品处置		根据资产处置形式设置三级科目明细（无偿调拨、出售、出让、转让等）	
			5301.2	固定资产处置			
			5301.3	无形资产处置			
75	5401	上缴上级费用		按缴款项目设置二级明细			
76	5501	对附属单位补助费用		按附属单位设置二级科目			
77	5801	所得税费用					
78	5901	其他费用	5901.1	利息费用			
			5901.2	坏账损失			
			5901.3	罚没支出			
			5901.4	现金资产捐赠支出			
			5901.9	其他相关费用			
六、预算收入类							
79	6001	财政拨款预算收入	6001.1	教育补助预算收入			
			6001.2	科研补助预算收入			
			6001.3	政府性基金预算收入			
			6001.9	其他补助预算收入			
80	6101	事业预算收入	6101.1	教育预算收入	4101.1.1	部门内部教育预算收入	按收费具体项目设置四级明细
					4101.1.2	同级财政单位教育预算收入	按收费具体项目设置四级明细

续表

序号	一级编号	一级科目明细	二级编号	二级科目明细	三级编号	三级科目明细	财务核算要求
					4101. 1. 9	非同级财政教育预算收入	按收费具体项目设置四级明细
			6101. 2	科研事业预算收入	4101. 2. 1	非同级财政拨款科研事业预算收入	四级应设置中央、地方科目。根据具体项目进行项目核算
					4101. 2. 2	横向科研事业预算收入	根据具体项目进行项目核算
81	6201	上级补助预算收入	6201. 1	主管部门非财政拨款收入			根据具体项目进行项目核算
			6201. 2	其他上级部门非财政拨款收入			根据具体项目进行项目核算
82	6301	附属单位上缴预算收入		按附属单位设置二级科目			
83	6401	经营预算收入					根据具体项目进行项目核算
84	6501	债务预算收入	6501. 1	短期借款预算收入		按贷款单位设置三级明细	
			6501. 2	长期借款预算收入		按贷款单位设置三级明细	
85	6601	非同级财政拨款预算收入		本级横向转拨财政款预算收入			根据具体项目进行项目核算
				非本级财政拨款预算收入			根据具体项目进行项目核算
86	6602	投资预算收益	6602. 1	股权投资预算收益			
			6602. 2	债券投资预算收益			
87	6603	捐赠预算收入	6603. 1	单位捐赠			根据具体项目进行项目核算
			6603. 2	个人捐赠			根据具体项目进行项目核算
88	6604	利息预算收入					

续表

序号	一级编号	一级科目明细	二级编号	二级科目明细	三级编号	三级科目明细	财务核算要求
89	6605	租金预算收入	6605.1	门面房出租收入			根据具体项目进行项目核算
			6605.2	场地出租收入			根据具体项目进行项目核算
			6605.3	设备出租收入			根据具体项目进行项目核算
				…			
90	6609	其他预算收入	6609.1	现金盘盈预算收入			根据具体项目进行项目核算
			6609.2	科技成果转化预算收入			根据具体项目进行项目核算
			6609.3	置换换出资产评估增值预算收入			根据具体项目进行项目核算
			6609.4	内部交易预算收入			根据具体项目进行项目核算
			6609.9	其他预算收入			根据具体项目进行项目核算
七、预算支出类							
91	7101	行政支出					高校无此业务
92	7201	事业支出	7201.1	教育支出	7201.1.1	工资福利支出	根据政府收支分类科目设置三级明细，根据具体项目进行项目核算，同时进行往来单位核算。（涉及内部交易的，根据活动属性分类）
					7201.1.2	商品和服务支出	
					7201.1.3	对个人和家庭的补助	
					7201.1.4	资本性支出	
					7201.1.5	待处理	
			7201.2	科研支出	7201.2.1	工资福利支出	根据政府收支分类科目设置三级明细，根据具体项目进行项目核算，同时进行往来单位核算。（涉及内部交易的，根据活动属性分类）
					7201.2.2	商品和服务支出	
					7201.2.3	对个人和家庭的补助	
					7201.2.4	资本性支出	
					7201.2.5	待处理	

续表

序号	一级编号	一级科目明细	二级编号	二级科目明细	三级编号	三级科目明细	财务核算要求
			7201.3	后勤保障支出	7201.3.1	工资福利支出	根据政府收支分类科目设置三级明细，根据具体项目进行项目核算，同时进行往来单位核算。（涉及内部交易的，根据活动属性分类）
					7201.3.2	商品和服务支出	
					7201.3.3	对个人和家庭的补助	
					7201.3.4	资本性支出	
					7201.3.5	待处理	
			7201.4	行政管理支出	7201.4.1	工资福利支出	根据政府收支分类科目设置三级明细，根据具体项目进行项目核算，同时进行往来单位核算。（涉及内部交易的，根据活动属性分类）
					7201.4.2	商品和服务支出	
					7201.4.3	对个人和家庭的补助	
					7201.4.4	资本性支出	
					7201.4.5	待处理	
			7201.5	离退休支出	7201.5.1	工资福利支出	根据政府收支分类科目设置三级明细，根据具体项目进行项目核算，同时进行往来单位核算。（涉及内部交易的，根据活动属性分类）
					7201.5.2	商品和服务支出	
					7201.5.3	对个人和家庭的补助	
					7201.5.4	资本性支出	
					7201.5.5	待处理	
93	7301	经营支出	7301.1	工资福利支出		根据政府收支分类科目设置三级明细	根据具体项目进行项目核算，同时进行往来单位核算
			7301.2	商品和服务支出			根据具体项目进行项目核算，同时进行往来单位核算
			7301.3	对个人和家庭的补助			根据具体项目进行项目核算，同时进行往来单位核算
			7301.4	资本性支出			根据具体项目进行项目核算，同时进行往来单位核算
			7301.5	待处理			根据具体项目进行项目核算，同时进行往来单位核算

续表

序号	一级编号	一级科目明细	二级编号	二级科目明细	三级编号	三级科目明细	财务核算要求
94	7401	上缴上级支出		按缴款项目设置二级明细科目			
95	7501	对附属单位补助支出		按附属单位设置二级明细科目			
96	7601	投资支出	7601.1	股权投资支出		按被投资单位设置三级明细	
			7601.2	债券投资支出		按被投资单位设置三级明细	
97	7701	债务还本支出	7701.1	短期借款还本支出		按贷款单位设置三级明细	
			7701.2	长期借款还本支出		按贷款单位设置三级明细	
98	7901	其他支出	7901.1	利息支出			根据具体项目进行项目核算
			7901.2	对外捐赠现金支出			根据具体项目进行项目核算
			7901.3	现金盘亏损失			根据具体项目进行项目核算
			7901.4	捐赠非现金资产发生税费支出			根据具体项目进行项目核算
			7901.5	资产置换税费支出			根据具体项目进行项目核算
			7901.6	罚没支出			根据具体项目进行项目核算
			7901.9	其他支出			根据具体项目进行项目核算
八、预算结余类							
99	8001	资金结存	8001.1	货币资金	8001.1.1	库存现金	
					8001.1.2	银行存款	
					8001.1.3	其他货币资金	
			8001.2	零余额账户用款额度	8001.2.1	预算内直接支付	
					8001.2.2	预算外直接支付	

续表

序号	一级编号	一级科目明细	二级编号	二级科目明细	三级编号	三级科目明细	财务核算要求
					8001.2.3	预算内授权支付	
					8001.2.4	预算外授权支付	
			8001.3	财政应返还额度	8001.3.1	预算内直接支付	
					8001.3.2	预算外直接支付	
					8001.3.3	预算内授权支付	
					8001.3.4	预算外授权支付	
100	8101	财政拨款结转	8101.1	年初余额调整			
			8101.2	归集调拨	8101.2.1	归集调入	
					8101.2.2	归集调出	
					8101.2.3	归集上缴	
					8101.2.4	单位内部调剂	
			8101.3	本年收支结转			
			8101.4	累计结转			
101	8102	财政拨款结余	8102.1	年初余额调整			
			8102.2	归集调拨	8102.2.1	归集上缴	
					8102.2.2	单位内部调剂	
			8102.3	结转转入			
			8102.4	累计结余			
102	8201	非财政拨款结转	8201.1	年初余额调整			
			8201.2	缴回资金			
			8201.3	项目间接费用或管理费			
			8201.4	本年收支结转			
			8201.5	累计结转			

续表

序号	一级编号	一级科目明细	二级编号	二级科目明细	三级编号	三级科目明细	财务核算要求
103	8202	非财政拨款结余	8202.1	年初余额调整			
			8202.3	项目间接费用或管理费			
			8202.4	结转转入			
			8202.5	累计结余			
104	8301	专用结余	8301.1	职工福利基金			
			8301.2	学生奖助基金			
				…			
105	8401	经营结余		按经营活动类别设置二级明细科目			
106	8501	其他结余					
107	8701	非财政拨款结余分配					